能の桜

花がいざなう能楽鑑賞

宝生流20代宗家　宝生和英＝監修
ジポーリン福島菜穂子＝著

八坂書房

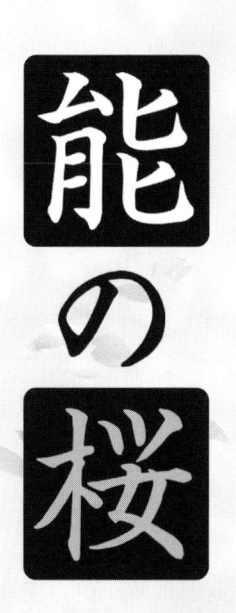

はじめに

この本を手にとってくださって、ありがとうございます。

春になれば、日本は桜。桜の便りが届き始めると、まさに、白居易の漢詩にある牡丹好きの洛陽の人「一城之人皆若狂（一城の人皆狂うがごとし）」のように、国中をあげて大騒ぎですね。桜咲く日本の春を愉もうと、外国からのお客さまも、国際空港の到着ゲートで、入国審査場のフロアの階段を越えての行列を作るほどです。

春といえば桜、となったのは平安時代から。その前は、令和の語源となった『万葉集』の和歌の詩序（巻五「梅花歌三十二首并序《ならびに》」）にもあるように、梅が人気でした。古代の中国文化を倣ってのことで、紫宸殿（京都御所）の左近の桜も、最初は左近の梅でした。それでも、梅の和歌が多い『万葉集』にも桜の和歌は五十首ほどあります。九世紀に、政治的なこともふくめた、いろいろないきさつがあり、左近の梅は左近の桜となりました。それからというもの、和歌には桜、お芝居にもお祭りにも桜、お寺への寄進にも桜。能楽にも桜の能と狂言があります。

桜の能をとりあげて、ご紹介したいと思ったのは、能楽堂の舞台に咲きこぼれる桜が、なんといっても幽遠で美しいので。能の桜の上品な妖艶美。花見スポットは日本の津々浦々にありますが、能楽堂も、ぜひ、そのリストの中に。といっても、この桜は、リアルではないし、模型でもないし。実際に目で見られるわけではありません。しかし、美しいものは、目で見られるものばかりではありませんよね。演能に接し、心の中に咲いた花で、能舞台が桜でいっぱいになります。

桜の能では、「花」が「桜」を指すことがあります。「花」がたいてい「桜」であるのは、古典の和歌でもそうですし、今でも実際に、「桜見」でなく「花見」と言いますね。

能楽では、能の演能に合わせて、狂言が演じられますが、その演目に、『桜諍《さくらあらそい》』（『花争《はなあらそい》』）という桜のお話があります。花が盛りなので花見に行こうと、主人は太郎冠者《たろうかじゃ》を呼び出します。太郎冠者は、桜ならともかく、「はな」ならわざわざ出かけなくても「私が鼻を見させられ」と自分の鼻を指差しながら答えます。主人は、「桜と花は同じことじゃ」と言っても、納得のいかない太郎冠者。和歌には、「桜」と詠まれたものがあると、桜の和歌を披露。主人は主人で「花」の和歌を詠みます。

おしまいに太郎冠者が挙げたのは、桜の謡《うたい》（能の詞章《ししょう》／セリフ）。「桜かざしの袖ふれて」と、謡い始めます。すぐさま、その続きを謡う主人。その詞章は、「花見車《はなみぐるま》くるゝより月の花よ待たうよ。」なんと、桜を表すのに「花」が即座に使われています。そして、「花」は「桜」でよいのだと、主人に諭される太郎冠者。「あっちへ失《う》せい」「はあ」「ゑい」「はあ」で終わりです。ここでできた謡は、本書でもとりあげる『小塩《おしお》』の詞章です。

宝生《ほうしょう》流能楽師御宗家の宝生和英《かずふさ》氏にご監修いただき、本書では桜がでてくるほぼすべての能を、とりあげました。能楽堂での花見ガイドとして、愉しんでいただけましたら、欣幸の極みです。

✲詞章の音読の仕方（謡い方）は、宝生流に統一しています。
✲使用テキストはそれぞれ章末に掲載。句読点などを読みやすくしている部分もあります。繰り返しは省略しています。
✲本文中、詞章部分は、「この書体」に変えてあります。

✻目次✻

第一章　能にでてくる桜

✽能で描かれた桜の景色

能楽堂の舞台は、きわめてシンプルです。舞台背景はなく、舞台に桜の木が描かれていることはありません。花びらが天井や脇から吹き込んでくるような大がかりな演出も、もちろんないのですが、演目によっては「作り物」と呼ばれる簡素な舞台装置が使われ、ここで桜の木が登場します。畳一畳ほどの大きさの台に乗せて、演能が始まる前に、運ばれてきます。桜立木台《たちきだい》です。能の舞台には緞帳《どんちょう》がなく、立木台は最初から舞台にセットされているわけではないので、私たちは、しつらえの一部始終を拝見することになります。始まりの予感にワクワクする瞬間です。流派によっては丸い台を用います。✽1

✽1 昔は作《つく》り物方《ものかた》という専門家がいて、作り物を作っていたそうなのですが、今はシテ方が作ります。シテ方は、いわゆる主人公役ですが、公演の演能の全体もとりしきります。演能の練習の合間に工作もしなくてはならないので大変です。

能楽では、小道具の使用は限られていて、扇を見立てて代用することも多いです。

能楽の役名については、26頁（『吉野夫人』✽1）を参照。

その桜の光景。現代人の私たちにとっては、桜といえば、ソメイヨシノですよね。春になると、ソメイヨシノは葉っぱよりも先に、うっすらピンクを感じさせるような白い花を、いっせいに咲かせ始めます。東京の千鳥ヶ淵や、目黒川。津軽の弘前城址や、北海道の五稜郭公園で、あるいは、ご近所の公園や堤防で見る光景。咲きこぼれんばかりのソメイヨシノをイメージされるでしょうか。花が白からピンクへと変わり、そして花が終わると、艶やかな新芽が吹き出し、初夏の訪れを感じさせてくれます。

ソメイヨシノは、江戸の幕末にできた品種です。江戸の染井村（東京都豊島区駒込）の植木職人によって、大島桜と江戸彼岸桜を両親として生まれました。江戸時代には、桜といえば吉野、だったからでしょうか、「吉野桜」の名前で、売り出されていました。ソメイヨシノという名前が付けられたのは、明治になってから。

能楽が、「猿楽《さるがく》」と呼ばれていたものから「能楽」という名前になったのは、明治時代ですが、聖徳太子の頃に、舞を披露した「申楽《さるがく》」が日本での始まりと言われています。舞のほかにも、ものまね芸や寸劇などの芸能であったものを、室町時代には、観阿弥《かんあみ》（一三三三～八四）、世阿弥《ぜあみ》（一三六三？～一四四三）親子が、現在残っている形のものに洗練させ、興行し成功を収めるようになりました。ですから、お能の台本は概ね室町時代に書かれたものです。ということは、ソメイヨシノが出現する前ですね。

では、その頃の桜はというと。その桜は、花が咲く前に、新芽が出てきます。赤茶色の葉っぱです。そして、うす桃色の花が咲き始める桜。新緑がでそろう前の緑の山にピンク色がところどころに広がっていきます。クローンのソメイヨシノとちがい、いっせいに咲くということはなく、あちこちで、それぞれが咲いていきます。

そう、山桜《ヤマザクラ》です。

✽山桜

能のセリフを詞章《ししょう》と呼びます。音律がつく部分もあります。その詞章から、いくつか拾ってみると……。

「吉野の山桜」――『吉野天人』『泰山府君』

「み吉野の山桜」（美しい吉野の山桜）――『嵐山』

「げにも嵐の山桜」（まことに嵐山の山桜）――『嵐山』

「さても江州志賀の山桜」（さてさて滋賀県琵琶湖湖畔の山の山桜）――『志賀』

「昔ながらの山桜」――『志賀』

山桜は、「個体変異」といって、同じ地域の同じ種でも、さまざまなバリエーションが生まれるそうです。まさに、春のミラクル。どんな花が咲くのか、楽しみですね。いつもの場所でも見たいし、まだ見ていない山桜も見に行きたくなります。かの桜好き、西行法師（一一一八～九〇）も、こんな和歌を残しています。

吉野山　去年《こぞ》のしをりの　道かへて
まだ見ぬかたの　花を尋ねむ[※2]

※2『新古今和歌集』春歌上86

吉野山の雲海

ここで「しをり」というのは「枝折」。山道で迷わないように、枝を折ったものを道標《みちしるべ》にしていたようです。西行は、どうやら前の年にお気に入りのサクラ・スポットを見つけたようです。それで、次の年も来られるようにと、枝折を置いて行ったのですね。しかし、そこまでしておいて、今年は、違う道にしよう、まだ出会っていない桜を尋ねよう、というのです。

山桜は桜の美しさへの探究心を掻き立ててくれます。昔の人は、山の奥深くまでも分け入って、桜を見に行ったようです。当時は「桜狩《さくらがり》」という言葉も使われていました。

✼桜狩

狩りといっても、狩猟に出かけるわけではなく。平安後期にできた歌学書によると、「桜狩」とは「桜を尋ね求むる」こととあります。[※3]今でも、「紅葉狩り《もみじがり》」という言葉は使われますが、美しいもののために、ときには険しい山道をも厭わず、尋ね求めに出かけるのですね。『新古今和歌集』にも見られます。

またや見む　交野《かたの》の御野《みの》の　桜狩り
花の雪散る　春の曙

また見ることができるだろうか。交野の野（大阪府）に桜狩に出かけ、花が雪のように散っていた夜明けの春の景色を。藤原定家のお父上、藤原俊成《ふじわらのしゅんぜい》（「としなり」とも。

※3『奥義抄《おうぎしょう》』

※4『新古今和歌集』春下114
俊成は、平家の公達、平忠度の和歌の師匠でもありました。能『忠度』には桜がでてきます。第十二章です。

一一一四〜一二〇四）の和歌です。[※4] 平安中期にできた『うつほ物語』にも「桜狩」という言葉は出てきますから、その頃から使われていたのでしょう。

西行法師が登場する能の『西行桜《さいぎょうざくら》』では、こんなふうに始まります。

頃待ち得たる桜狩。山路の春に急がん。

桜という言葉がふんだんに出てくる『桜川《さくらがわ》』も、同じように、待ちに待った「桜狩」に山に出かけよう、と始まります。

桜葉明神（北野天満宮末社）の女神さまが現れる『右近』では、

雲の行く、そなたやしるべ桜狩。

桜狩では、雲のように空に広がる桜が山での道標です。

この『右近』では、「花見」という言葉も使われています。自分たちは「桜狩」に行くのだけれど、巷でも「花見の人々」が「車」でやってきている。「花見車《はなみぐるま》」が並んでいるよ、と。

つまり、たいへんさも厭わず山の奥深くにはいって行くのが桜狩で、車でアクセスできるところに見に行くのが花見でしょうか。今のようなトレッキングの装備があるわけでもないし、いくら桜好きとはいえ、お能に出てくる昔の人たちはすごいです。桜狩は、なかなかのアウトドア派です。

花見車（鳥文斎栄之『桜下御所車』）

桜の元で管弦の遊びをする童たち（『寝覚物語絵巻』より　平安時代）

右列：上　毛利梅園『梅園草木花譜春之部』より、下２点　坂本浩然『桜花譜』より
左列：松平定信『浴恩春秋両園桜花譜』（写本）より　　（すべて、国立国会図書館）

✿千本の桜

山桜の中でも、特に吉野に咲く山桜は「千本《ちもと》の桜《さくら》」と謡われます。吉野の山に、次々と華麗絢爛に咲いていく桜の様子を表したのです。その様子を、江戸時代の俳諧では、このように描いています。

　これはこれはとばかり　花の吉野山※5

松尾芭蕉のひと世代前の俳人、安原貞室《やすはらていしつ》（一六一〇〜七三）の句です。
能の『吉野天人《よしのてんにん》』では、都に住む人が「吉野の奥を尋ねん」と登場し、ここの「千本の桜」は、毎年見にくると話します。
『泰山府君《たいさんぷくん》』は桜好きの公卿、中納言藤原成範《ふじわらのしげのり》が吉野の桜を自邸やその近所に植えていました。「ここ」も「吉野の山桜」でいっぱいになり、「千本の花」のようだと喜びます。
　吉野の山桜が移植された京都の嵐山でのお話、『嵐山』にも「千本」が出てきます。

　名におふ吉野の山桜。千本の花の種とりて、この嵐山に植ゑおかれ。

名高い吉野の桜が、嵐山にも植えられたとの説明です。実際、鎌倉時代

※5 安原貞室『曠野《あらの》』

吉野山

の後嵯峨上皇（在位一二四二〜四六）のときに、吉野の山桜が、はるばる京都の嵐山にやってきたのです。まさしく「千本の種はこれぞ」というわけです。それだけではありません。「嵐山の花は皆神木にて候ふ」と謡われます（第三章をお楽しみに）。

✿地主桜《ジシュザクラ》

『西行桜』は、桜狩に行こう、と始まるのでしたね。春となれば、あちこちの桜を見て回る三人連れがまず登場するのです。その日は、京都西山の西行法師の庵《いおり》の桜を見に来た、というのが『西行桜』のお話の始まり。さて、この三人連れが、その前日に見てきた桜というのが、地主桜なのです。

　昨日は東山地主の桜を一見仕《いっけんつかまつ》りて候。

京都東山に咲く「地主の桜」。「地主」というのは地主神社、地主権現のこと。音羽の山、清水の舞台でおなじみ、清水寺にある神社です。お寺の中に神社。ごくあたり前のことだったのですね。神仏習合《しんぶつしゅうごう》※6です。平宗盛《たいらのむねもり》が恋人の熊野《ゆや》と清水寺に花見に出かける『熊野』では、

　地主権現の花の色。

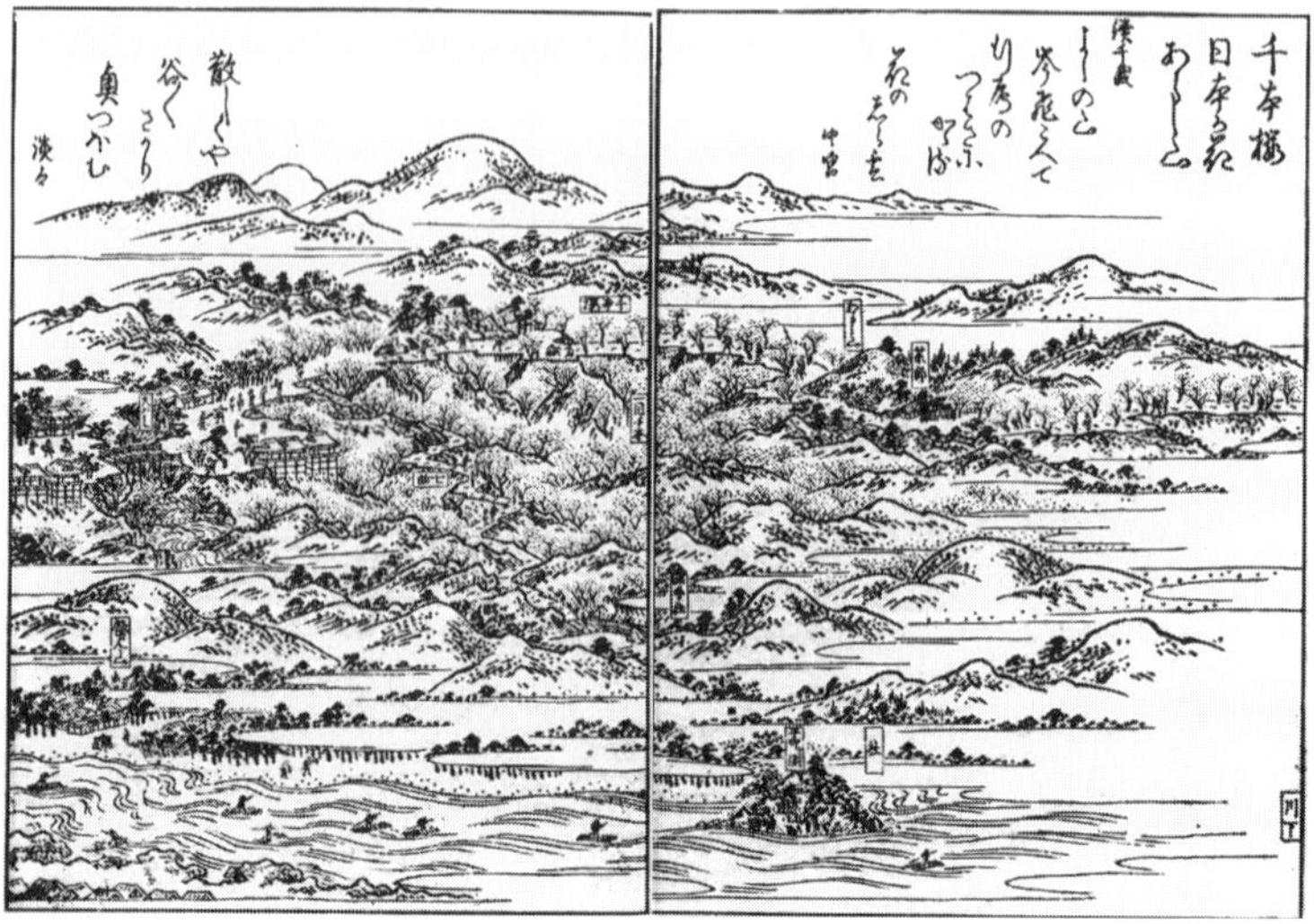

千本桜『大日本名所図会』より

と謡われます。沙羅双樹《しゃらそうじゅ》の花のように白く見えるというのです。沙羅双樹はお釈迦さま涅槃時にそばにあった木です。この後すぐの「鷲《わし》の御山《おやま》の名を残す」から「春も千々《ちぢ》の花盛《はなざかり》」までの舞は、お仕舞を習うと最初にお稽古できますよ。鷲《わし》の御山《おやま》は、お釈迦さまが『法華経』の説法をしたという霊鷲山《りょうじゅせん》になぞらえています。謡の詞章も、意味深く美しいです。

清水寺を建立したとされる坂上田村麻呂《さかのうえのたむらまろ》のお話、『田村』では、

地主権現の、花ざかり。それ花の名所多しといへども、大悲《だいひ》の光《ひかり》色添ふ故か。この寺の地主の桜にしくはなし。

桜の名所はいろいろあるけれども、観音さまのありがたいお慈悲のおかげか、このお寺の地主の桜ほど、美しいものはない、と謡われます。

地主の桜のこと、嵯峨《さが》天皇（在位八〇九～八二三）に遡ります。桜を愛でる会を開いた最初とされる「花宴《かえん》の節《せち》」を開いた天皇です。八一二（弘仁三）年に開かれた花宴の節の前の年、嵯峨天皇は地主神社に行幸され、桜をご覧になり、その美しさに、三回も牛車を引き返させた、という言い伝えがあります。それで、つけられた名前が「御車返《みくるまがえ》しの桜」です。桜があまりにも美しかったので引き返したとされますが、桜の花が一重なのか、八重なのか、どっちか確かめようとしたという科学的探究心とも。地主桜はたしかに一重と八重の花が咲き、それは可憐で美しいです。「八重一重《やえひとえ》」とも呼ばれます。

※6 神仏習合 →69頁※2を参照。

上から：京都御苑の糸桜、桜川・磯部稲村神社の樺桜（左）、河津桜（右）、須磨浦普賢象（左）、ミヤマザクラ（右）、鞍馬寺の雲珠桜

この地主の、御車返しの桜の楚々とした美しさに心を奪われた嵯峨天皇。それから、毎年、地主神社に桜の枝を宮中に献上させたのだとか。あくまでも言い伝えです。また、鎌倉の材木座の桐谷にもあったので江戸時代には「キリガヤ」あるいは「キリガヤツ」とも呼ばれています。

地主神社の御車返しの桜の花は白いですね。淡いピンクの花もあります。吉野の幣《しで》掛《かけ》神社にも。上野の輪王寺《りんのうじ》や鎌倉の極楽寺《ごくらくじ》でも咲いています。平安時代後期の歌謡集『梁塵秘抄《りょうじんひしょう》』にも出てきます。

また、牛車を引き返させたのは、江戸時代の後水尾《ごみずのお》天皇（在位一六一一〜二九）だ、とも言われています。京都御所の宣秋門《ぎしゅうもん》を通りがかり、そこで咲いていた桜を見て、車を引き返させたのです。今も京都御所に咲いています。こちらは、ゴショミクルマガエシなのだそうです。

✿雲珠桜《ウズザクラ》

雲珠桜といえば、言わずと知れた鞍馬山でしょうか。鞍馬山が舞台の『鞍馬天狗』の最初で、このように謡われます。

花咲かば、告げんと言ひし山里の、使は来たり馬に鞍、鞍馬の山の雲珠桜、手折《テオリ》枝折をしるべにて、奥も迷はじ咲き続く。

松岡玄達『怡顔斎桜品』より

　これは、花見の席で披露できるようになりたい謡の一節。桜の花が咲いたら教えるよ、と言ってくれていた鞍馬山住みの知人から、早速、使いがきたよ。鞍馬山の雲珠桜を見に行こう。山深いところだから、道々、折られた枝を道標にして。桜は山の奥まで、ずうっと咲いているのだろうなあ、という。

　雲珠というのは、鞍を乗せた馬の後ろ、お尻のところにつけられた飾りです。埴輪《はにわ》にも馬に鞍と雲珠をつけたものが出土しています。雲珠桜という呼び方は、言葉遊びではないでしょうか。鞍馬、つまり、鞍を乗せた馬が雲珠で綺麗に飾られる。鞍馬の山にも雲珠がある、それは桜。シャレオツなネーミングのセンスですね。

　雲珠桜は、特にこれといった桜ではなく、鞍馬山に咲いていれば、それは雲珠桜、と言われますが、雲珠桜という品種があることがわかりました。これは京都の桜守、佐野《さの》藤右衛門《とうえもん》さんのご尽力の賜物。

　鞍馬寺本堂の前に、雲珠桜と札のある桜があったそうなのですが、一九四五（昭和二十）年の本堂の火事のときに焼けてしまったそうです。八重桜だったのか、一重桜だったのか。どんな桜だったのか……。そうこうしているうちに、貴船の料亭「ひろや」にも雲珠桜があることがわかりました。藤右衛門さん、とても苦労して貴船から鞍馬に、その桜の移植成功。鞍馬寺本堂北東のお茶所のほとりに雲珠桜を移すことができました。八重も一重もある、御車返し、あるいは桐谷の種類でした。藤右衛門さん曰く「八重と一重で気品のある淡紅白色」で、鞍馬寺の花供養（四月二十四日）と花期が一致するそうです。後に貴船の雲珠桜も洪水被害にあいましたが、藤右衛門さんが接木を培養して、保全ができたそうです。※7

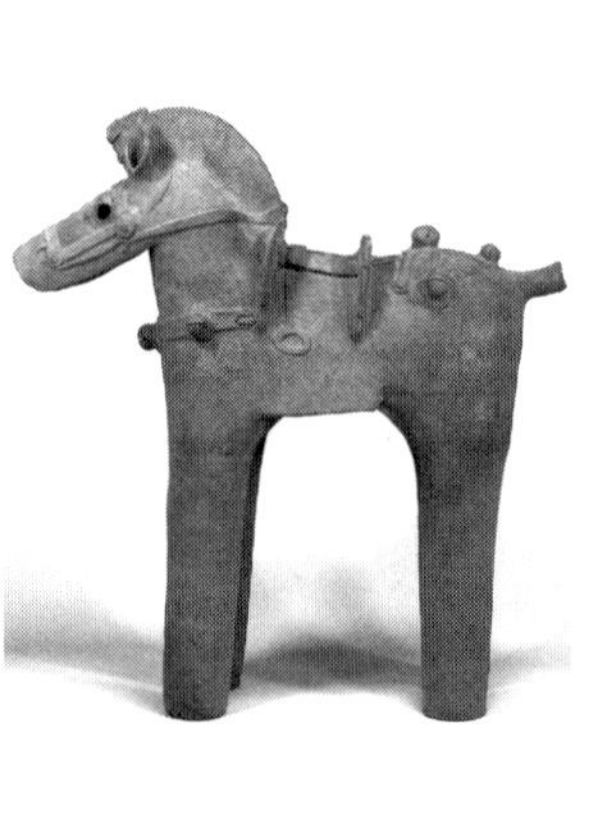
馬の埴輪（群馬県藤岡市白石字滝出土　東京国立博物館）

※7 佐野藤右衛門『桜守二代記』一九七三　講談社

貴船雲珠《キブネウズ》に鞍馬雲珠《クラマウズ》とされていますが、同じ種類でしょう。鞍馬山から貴船までは一〜二時間のハイキングコースが整備されています。

✽糸桜《イトザクラ》

枝が下に垂れる様子が愛おしいしだれ桜です。江戸彼岸《エドヒガン》の種類です。能の『右近』では、女神さまが登場します。終わりの方で、花の精が軽やかに舞っているような舞を披露します。その様子がこのように謡われます。

　花に戯れ。枝にむすぼほれかざしも花の糸桜。

女神さまは花と戯れているようで、その髪飾りは糸桜。枝にからまったりしながらも、動きによって、ひらひらとする糸桜。美しいですね。

親子が再会を果たす『桜川』では、シテが、いろいろな桜の様子や桜の名前を出し、クライマックスをむかえます。その桜の名前のひとつが糸桜です。

　なほ青柳の糸桜。

とシテが謡います。糸桜の次に出てくるのが樺桜です。

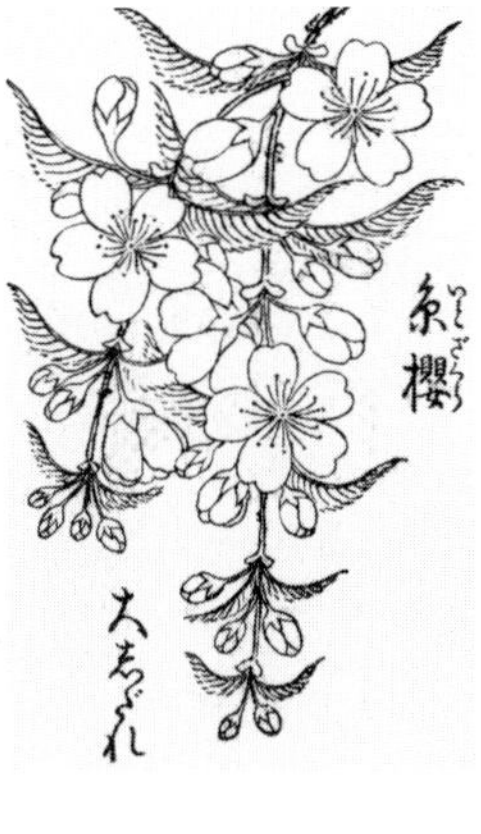

松岡玄達『怡顔斎桜品』より

✼樺桜《カバザクラ》

『桜川』で、「なほ青柳の糸桜」と謡われた後、

霞の間には。樺桜。

と、樺桜が続きます。『源氏物語』にも樺桜は登場します。夕顔が紫の上の美しさに圧倒されたシーンです（二十八　野分）。

春の曙《あけぼの》の霞《かすみ》の間《ま》より、おもしろき樺桜《かばざくら》の咲きみだれたるを見る心地す。

紫の上様ったら、春のおぼろな霞の間から、咲きこぼれんばかりの樺桜が見えたって感じ、なのです。そんな樺桜、どんな桜でしょう。室町時代にできた『源氏物語』の注釈書『河海抄《かかいしょう》』では、樺桜のことを「花の色はうす紅にてことさら艶なる花なり」（巻十二）と説明しています。「蒲桜」とは、同じカバでもカバちがい。ちがう桜のようです。

お能の『桜川』の舞台となったのは、現在の茨城県桜川市。桜川の磯部稲村神社にも樺桜と名前のついた桜があります。白山桜《シロヤマザクラ》の種類ではないかとされています。シロヤマザクラは、吉野に多い山桜です。

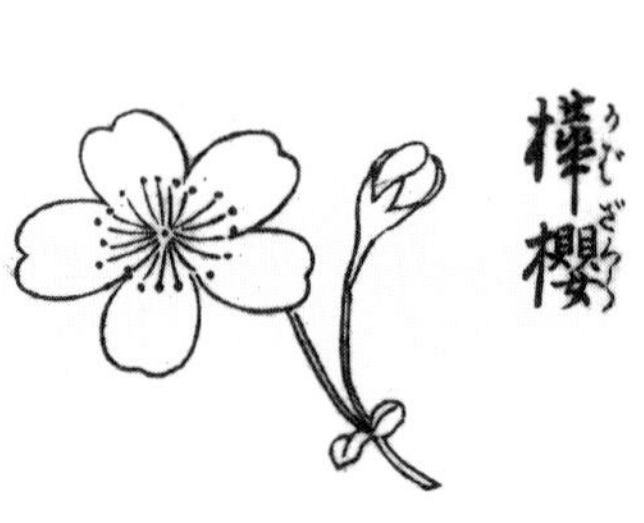

松岡玄達『怡顔斎桜品』より

✽深山桜《ミヤマザクラ》

『鞍馬天狗』の主人公、鞍馬天狗は、最初は山伏の姿で登場しますが、その自分自身を桜にたとえます。人に知られずに咲いている深山桜のような私、というわけです。ここで深山桜は、特定の桜の種類を指すのではなく、山深いところに咲く桜ということでしょう。桜狩をしても、なお人に知られずに咲いている桜なのですね。しかし、実際にミヤマザクラという品種があります。標高の高いところにある原始的な桜だとされています。花は、小さくて丸い白い一重。花弁やめしべより長くたくさんのおしべが、素朴でとても可愛らしいです。

このほか、在原業平《ありわらのなりひら》のお話の『小塩《おしお》』では、山の奥に咲いている桜を「遠山桜《とおやまざくら》」、そして家屋のあるところにある桜は「軒端《のきば》の家桜《いえざくら》」と呼んでいます。

✽須磨の若木の桜

須磨が舞台の『須磨源氏《すまげんじ》』と『忠度《ただのり》』に登場します。どちらもワキ[※8]が須磨を訪ねます。『須磨源氏』は神主、『忠度』では僧の一行です。須磨に来たのだから、かの「若木の桜」を見に行こう。「花を折り添えて手向《たむけ》」もしよう、と始まります。

「若木《わかぎ》の桜」というのは、須磨寺にある光源氏の手植えとされる桜です。『源氏物語』の第十二帖「須磨」には、光源氏が須磨で桜を植えたことが描かれています。

※8 能楽の役名については、26頁（『吉野夫人』※1）を参照。

須磨には、年返りて、日長くつれづれなるに、植ゑし若木の桜ほのかに咲き初めて、空のけしきうららかなるに、よろづのこと思し出でられて、うち泣きたまふ折多かり。

須磨に来て年も改まって、暇にまかせて植えた桜も咲き始めた。春の空はうららか。光源氏にはいろいろなことが思い出されて、涙が出ることも多かった。都から離れた須磨で寂しかったのですね。かわいそうな光源氏……。フィクションの主人公が植えたとされる桜ですが、どういうわけか現実のものとして、須磨寺で咲いています。ＪＲの須磨駅、山陽本線の須磨寺駅から歩いて須磨寺に。本堂に向かって、仁王門を通って行くと、左手、唐門の手前にあるのが「若木の桜」です。

須磨寺の「若木の桜」

✽泰山府君《タイザンフクン》

長生きを叶えてくれる中国の道教の神さま、泰山府君《たいざんふくん》から名前をもらった桜です。大きくもなく小さくもなく、うす紅色の八重の、華やかで可憐な花。園芸店で見かけることもあります。植物の品種改良が盛んだった江戸時代にできた品種でしょうか。江戸時代の花図鑑には記載があります。東京府江北村（東京都足立区）の荒川堤で栽培されていました。

能の『泰山府君《たいさんぷくん》』☆9に登場する桜は、実は、吉野の山桜です。「よしや吉野の山桜」と謡われます。泰山府君は、この能の作者とされる世阿弥の頃には、まだ誕生していなかっ

松岡玄達『怡顔斎桜品』より

た品種のようです。

この能の主人公は、桜好きの桜町の中納言。そのお話しは、『平家物語』（巻一　桜町の中納言）と、『源平盛衰記』（巻二　清盛息女）に出てきます。京都の御所に自邸がありましたが、吉野の桜を住まいの周りにたくさん移植したので、自邸周辺は桜町と呼ばれ、そこから「桜町の中納言」の呼び名もつきました。

桜は咲くと七日で散ってしまうのを嘆き、神に祈った結果、三七日《さんしちにち》、つまり、さんしち二十一で、二十一日間の間、桜町では桜が咲いていた、ということです。祈った神は、『平家物語』では、天照大神《あまてらすおおかみ》、『源平盛衰記』では、天照大神に祈り、泰山府君を祭った、とあります。

能でも泰山府君自身、自分は本来、人間の命を司る神だが、最近は花の長寿もお願いされる、などと言っています。桜の泰山府君の名前の誕生には、『源平盛衰記』の人気もあるのでしょうが、能の『泰山府君』の影響も大きかったのではないでしょうか。当時の能は、なかなかのトレンドセッターだったのではないかと考えています。

初桜に遅桜

初桜《はつざくら》に遅桜《おそざくら》という言い方がされることもあります。平宗盛と熊野が花見に出かける『熊野《ゆや》』ではこんな感じ。

立ち出でて峯の雲。花やあらぬ初桜の。

※9 能では「たいさんぷくん」と読みます。

山に雲が出てきたかと思ったら、桜の花。初桜だわ、というのです。「初花」と表現するのは、『西行桜』です。

　まづ初花を急ぐなる。近衛殿の糸桜。

まず初めに咲くのは、京都御所内にある近衛邸にある糸桜、だと謡われます。『鞍馬天狗』では、

　愛宕高雄《あたごたかお》の初桜。比良《ひら》や横川《よかわ》の遅桜。

京都の愛宕山と高尾山から桜が咲き始めるのですね。愛宕山は、修験道の聖地です。そして、琵琶湖を見下ろす滋賀の比良山地に、比叡山延暦寺の横川。修験場コースの比良横川は標高が高いので、桜も遅く咲くのですね。雲珠桜など、八重桜系もひと足遅く咲きます。

✽桜はいろいろ

お能の桜はだいたい山桜ですが、そのほかにも、いろいろな桜が登場します。実際の桜の種類の多さといったら、こんなものではありません。それはそれはたくさんあります。

比叡山延暦寺・横川の桜

松岡玄達『怡顔斎桜品』より

たとえば、お能には出てきませんが、遅い時期に咲く桜には、うす緑の花を咲かせる桜もあります。須磨の「若木の桜」の近くで咲く「須磨浦普賢象《スマウラフゲンゾウ》」や、「御衣黄《ギョイコウ》」、浅黄桜《あさぎざくら》とも呼ばれる「鬱金桜《ウコンザクラ》」などです。秋に咲く桜もあります。その名も「十月桜《ジュウガツザクラ》」や「冬桜《フユザクラ》」などです。マゼンタ色が美しい早咲きの「河津桜《カワヅザクラ》」も。伊豆や三浦半島などで、節分をすぎた頃には咲き始めます。

能の『桜川』の舞台となった桜川市の磯部桜川公園は、「磯部《いそべ》の百色桜《ももいろざくら》」としてたくさんの種類の桜で知られています。それぞれ開花の時期がちがうので、長い間、楽しむことができます。東京では「荒川堤《あらかわづつみ》の五色桜《ごしきざくら》」があります。日本の桜は二〇〇年ほど前、米国の首都ワシントンＤＣに贈られましたが、ここでは、米国から里帰りをした桜も咲いています。大阪の「造幣局の通り抜け」も八重が多いですが、いろいろな種類が見られますね。

ソメイヨシノで花見を楽しむもよし。山深いところにありそうないろいろな桜を探して桜狩もまたよし、ですね。それに、もちろん、能楽堂での桜も。

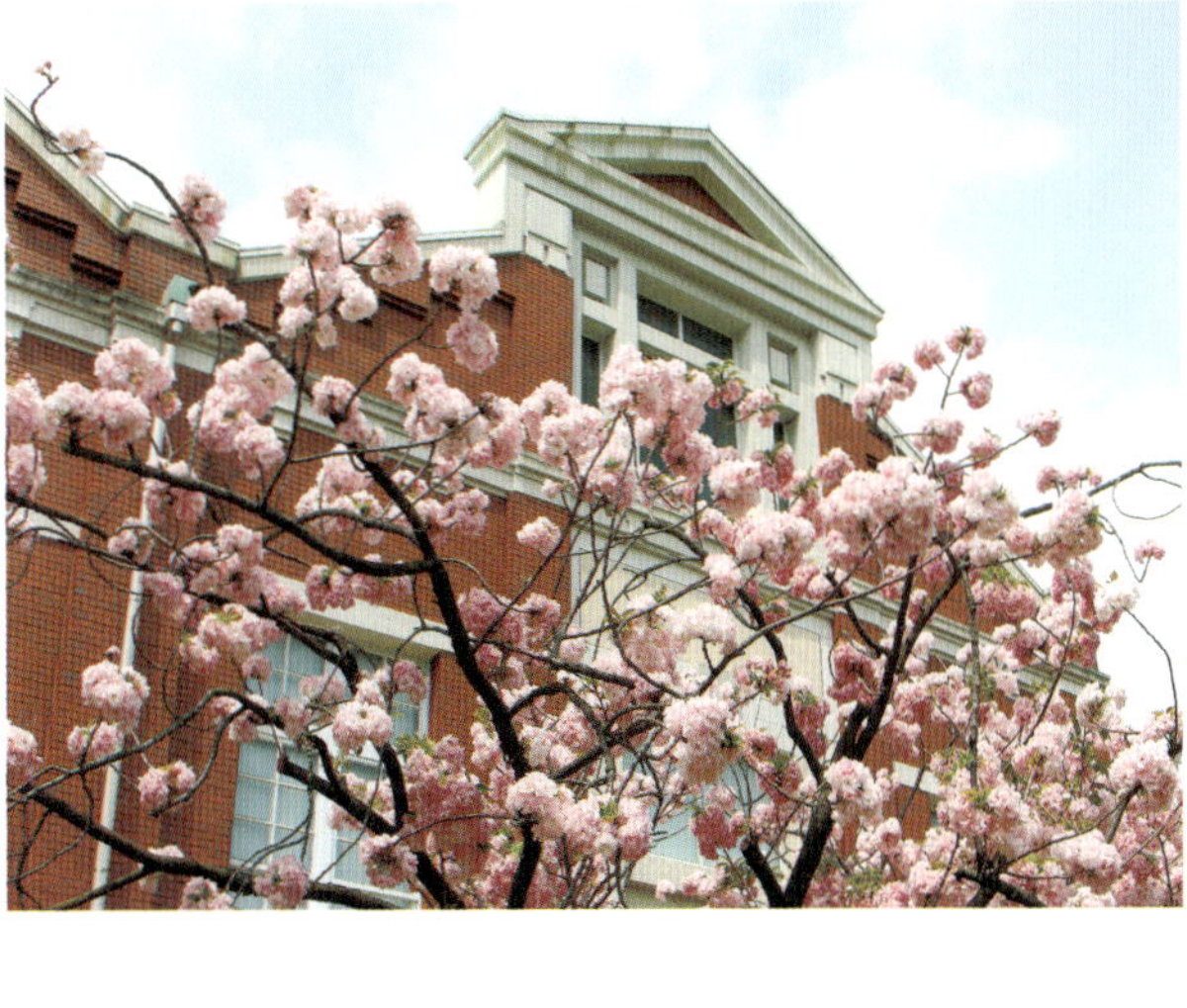

大阪造幣局・通り抜けの八重桜

第二章

千本の桜——其の一『吉野天人』

吉野の千本《ちもと》の桜は、宮廷人たちにとても愛され、都のいろいろなところへ移植されていきます。その吉野の千本の桜の能が『吉野天人《よしのてんにん》』です。桜を愉しんだ天女が、吉野が起源とされる「五節《ごせち》の舞《まい》」を、披露してくれます。

おもな登場人物
前シテ：吉野に住むという上品な女
後シテ：天女
ワキ：花見の都人（京都の住人）

あらすじ
毎春、地元京都の千本の桜や、あちこちの桜を楽しむ都人。今年は、千本の桜がやってきたという吉野山に出かけます。吉野山に着くと、上品な女から声をかけられ、一緒に桜を楽しむことに。夕刻、女は、実は、自分は天人なので、信じて待っていてくれれば舞を披露する、と。待っていると、現れた天女は、桜と戯れながら、高雅に舞います。

場所　吉野

舞台には、まず桜の立木台《たちきだい》が運ばれ、舞台中央に置かれます。運んでくるのは、後見《こうけん》という役割の能楽師です。囃子が演奏され、お幕が開いて、都人（ワキ方※1）が、お供（ワキツレ）を従えて登場。「花の雲路をしるべにて。吉野の奥を尋ねん」と、謡います。雲のように広がる満開の桜が、吉野山への道案内です。都人は、「春になり候へば。こゝ彼処《かしこ》の花を」ことに「千本《ちもと》の桜」を見るのだが、ここ（京都）の「千本《ちもと》の桜」

※1 能楽の役名
シテ…主役。仕手／為手とも。劇中で変身する場合は「前シテ」「後シテ」と呼び分ける。

ツレ…シテの連れ。

ワキ…シテの相手役。

ワキツレ…ワキの連れ。

アイ…能の中で狂言方が務める役。間とも。

は「三吉野《みよしの》※2の種とりし花※3」と聞いたので、今年は、これから、若い人たちと吉野に行く、と話します。

　都人は吉野の山に到着。「御覧候《ごらんそうら》へ。嶺《みね》も尾上《おのえ》も花にて候」と都人。吉野山、どこもかしこも桜なのですね。そしてさらに奥に行こうとした、そのときです。見るからに高貴な女性（シテ方／前シテ）が現れ、何をしているの、とお声がけ。都から来た花見客です、そちらこそ、こんな山の中で何を、と都人。女は、橋掛《はしがかり》※4を進み、舞台に入りながら

　　これは此《この》あたりに住む者なるが。春立つ山に日を送り。さながら花を友として。山野に暮らすばかりなり。

と、答えます。これはまた風雅な。都人も「げに花の友人《ともびと》は。他生《たしょう》の縁《えん》」と答えます。他生というのは、現在の生の他の生、前世か後世のこと、いろいろな生を通しての縁ですから、ただの偶然ではないフシギな出会い、ということですね。

『平家物語』（巻三　少将都帰）に「花の下の半日の客、月の前の一夜の友、旅人が一村雨の過ぎゆくに、一樹の蔭に立ち寄りて、別るる名残も惜しきぞかし（花の下で半日をともにした客も、月の前で一夜を過ごした友も、通り雨が止むまで樹の下に立ち寄った人でさえも、別れとなると、名残は惜しいものである）」とあります。桜の下で出会うのも、前世からの縁なのでしょう。

　　見もせぬ人や、花の友。知るも知らぬも花の蔭《かげ》に。合《あい》やどりして諸人《もろびと》の。いつしか

※2「三吉野」の「み」は神仏、天皇、貴人に関するものにつけて、尊敬を表します。吉野の吉野川のほとりには、古代、持統天皇や天武天皇が訪れていた吉野宮《よしののみや》があったとされています。万葉人は桃源郷と考えていました。『万葉集』では吉野は、山水の清らかな地、天皇の御代を称える地として描かれており、吉野を神仙境（シャングリラ）として讃えている和歌があります。漢詩集の『懐風《かいふう》藻《そう》』にも見られます。

※3 吉野の桜を都（京都）に移植したのは、鎌倉時代の後嵯峨上皇（在位一二四二〜四六）です。嵐山が見渡せるところに山荘御所、亀山殿《かめやまどの》を造り、吉野山の桜を移し植えました（『五代帝王物語』）。

※4 橋掛　→158頁、161頁を参照。

馴れて、花衣《はなごろも》の袖ふれて、木《こ》の下《もと》に立ちより、いざや眺めん。

と、地謡《じうたい》※5が謡います。さらに、続けて、

げにや花のもとに、帰らん事を忘るゝは、美景《びけい》によりて花心。いざ、馴れ初《そ》めて眺めん。※6

桜の花のもとに集うと、初めて会った人とも打ち解けます。そして、帰ることも忘れてしまうのです。そして、美しい光景をともに眺めよう、というのです。なかなかの決めゼリフですね。言ってみたい、言われてみたい、ところ。

そうは言っても、お嬢さま、お帰りにならなくてよろしいか、と都人は尋ねます。その問いかけに、女は、実は私、天人なの、「花にひかれて来《きた》りたり」と打ち明けます。そして、都人に「今宵はこゝに旅居して」神仏に祈ってくれたら、私は、戻ってきて「古《いにしえ》の五節《ごせち》の舞」※7を見せてあげます、待っていてね、と言って退場します。後には「迦陵頻伽《かりょうびんが》※8の声ばかり雲に残」るばかり。中入《なかいり》です。

都人が待っている間、吉野山の麓の住人が登場し、吉野山のことなど、話してくれます。前場《まえば》（前半部）と後場《のちば》（後半部）の間に演じられる間狂言《あいきょうげん》※9です。狂言方が演じます。

住人によると、その昔、黄金の山がほしいと天皇が願うと、インドの山が日本に飛んできたこと。それがふたつに割れ、ひとつは筑波山、もうひとつが吉野の山となったこ

※5 舞台右側に数人座す謡担当。

※6 もとになっているのは、「花下忘帰因美景《かかびけいによりてかえるをわする》、樽前勧酔是春風《そんぜんよいをすすむはこれしゅんぷう》」という中国唐代の詩人、白居易（白楽天七七二〜八四六）の漢詩の第三句、第四句です。『和漢朗詠集』上に「春興」として載せられています。原題は「酬哥舒大見贈（哥舒大《かじょだい》の贈られしに酬《むく》ゆ）」で、全部で八句あります（『白氏文集』巻十三）。

『右近』（第十章）などでもこの句が引用されています。

※7 五節の舞 →31頁。

※8 迦陵頻伽 →32頁。

※9 前場と後場の間の狂言方の演能。これまでの経緯をまとめてくれる場合と、『道成寺』の寺男のように、演目の中の登場人物の重要な人物として登場する場合があります。『鞍馬天狗』（第七章）の前場で小舞を舞ってくれるのも、この狂言方です。

「吉野天人」月岡耕漁『能楽図絵』より（シカゴ美術館）

雅楽の楽器
上段左から：龍笛《りゅうてき》、篳篥《ひちりき》、笙《しょう》
中段：琴、琵琶
下段：鉦鼓《しょうこ》、火焔太鼓《かえんだいこ》、羯鼓《かっこ》
（楽人の人形　江戸時代　東京国立博物館）

と。吉野山は、金峰山《きんぷさん》と名付けられたこと。のちに、元明天皇（七〇七～七一五）のときに、役行者《えんのぎょうじゃ》※10（六三四～七〇六）が祈ることによって、蔵王権現《ざおうごんげん》※11が吉野に現れ、木守《こもり》、勝手《かって》の両神※12を従え、この地の守護神となったこと。

五節の舞も吉野山から始まったこと。それは、吉野山で天皇が弾かれた琴に、天人が感じいって、天下り、五度も袖を翻して舞ったことから、なども。

そして、吉野の山は桜も花盛りになった。見にいらっしゃいといって、麓の住人は退場します。都人はすでに吉野にいるわけですから、行楽のお誘いは、私たち観客に向かってでしょうね、うれしいですね。

吉野山の麓の住人は退場します。都人が「不思議や虚空《こくう》に音楽聞こえ　異香薫《いきょうくん》じて花降《ふ》れり」と謡うと、現れたるは天女とそのお連れ。「琵琶《びわ》琴《こと》和琴《わごん》笙《しょう》篳篥《ひちりき》。鉦鼓《しょうこ》羯鼓《かっこ》や糸竹《いとだけ》の声澄み渡る春風の。天つ少女《おとめ》の羽袖《はそで》を返し。花に戯れ舞ふとかや。」と謡がつづきます。琵琶に、琴に、笙、篳篥、鉦鼓に羯鼓と、雅楽の楽器のオンパレードです。「糸竹《いとだけ》の声」は、糸が弦楽器、竹が管楽器を表すそうです。そして、天女たちは舞を見せてくれます。想像力が、視覚的にも聴覚的にも、ワクワク湧いてくる一節ですね。

天女たちは、「花の梢《こずえ》に舞ひ遊び。飛び上《あが》り飛び下《くだ》」ります。美しく、楽しそう。そして、舞が終わると、桜の花の雲に乗って去っていきます。さて、その桜の花の雲。こんなふうに表現されていきます。

吉野の山桜うつろふと見えしが。又咲く花の雲に乗り。

※10役行者　↓32頁。
※11蔵王権現　↓33頁。
※12木守勝手の神　↓34頁。

吉野の山桜は、散って、花の盛りはお終いになりそうだけれど、そうではなく、次から次に花が咲いていく、というのですね。これは、まさしく山桜ならでは。クローンで一斉に咲くソメイヨシノと違うところです。同じ地域で、同じ個体群であっても、個体の変異が多いので、花色の濃淡、新芽の色など、いろいろです。花の開く時期もいろいろです。昔の人の自然観察力はすばらしいですね。

その桜の花の雲に乗り、天女は去っていきます。舞台に咲き誇った千本の桜を残して。

『吉野天人』は観世流《かんぜりゅう》のみで演じられている能です。

❖能の詞章は「半魚文庫」を使用しました。

❀7 五節の舞

「五節《ごせち》の舞《まい》」には、吉野で大海人皇子《おおあまのおうじ》（のちの天武天皇）が琴を弾いていると、天女が舞い降り、袖を五度翻し、そのつど、節も変えて舞い、五穀豊穣となったという伝説があります。

「五節」というのは、晋（二六五〜四二〇）の時代の中国の皇帝が、五つの音調（五節）を用いて音楽を作り民衆を教化した（『春秋左氏伝』）とあります。礼節と音楽がそろうと平穏な世になると考えた天武天皇も、天平の頃、この礼楽思想をとりいれようと五節舞を考え出し、伝えていこうとされた（『続日本紀』）、とも考えられています。

「五節の舞姫を見て」詠まれた和歌が、僧正遍照《そうじょうへんじょう》の「天つ風雲の通ひ路吹き閉ぢよ乙女の姿しばしとどめむ（風よ、天女の帰り道を吹いて閉ざしてくれ。乙女の姿を、もう少し見ていたいから）」（『古今集』雑上八七二）です（本書第十五章の『泰山府君』にでてきます）。

『源氏物語』には、舞姫たちは緊張してかわいそうだと、描かれています（第二十一帖「少女《おとめ》」）。

平安時代には、五節の舞の舞手になる、ということは、

大正天皇即位の礼の五節舞(『御大礼記念写真帖』より)

迦陵頻伽の華鬘(平泉・中尊寺)

天皇の女御の候補生ということでした。能の『雲林院』(本書第十三章)では、在原業平が藤原高子《ふじわらのたかいこ》(のちの二条后)と恋の逃避行をしたけれども、引き裂かれてしまったことを思い出しますが、このときの高子は、清和天皇の祝いの五節の舞の舞手になることが決まっていました。

現在、五節の舞は、民間でも演じられますが、宮中では、その年の収穫を祝う新嘗祭《にいなめさい》、天皇即位の年の大嘗祭《だいじょうさい》に合わせて演じられます。南北朝の混乱で伝承が途絶えましたが、大正時代に復興され、宮内庁楽部に伝承されています。雅楽ではただひとつの、舞手が女性の舞です。十二単衣を着て、髪は平安時代のように、長い髪のおすべらかしにします。手には木製の檜扇《ひおうぎ》を持ち、「少女《をとめ》ども 少女さびすも(なんて美しい)」という歌詞に合わせて、舞われます。ゆっくりな舞とはいえ、重たい装束です。向きを変えるときなどの裳裾さばきなどは、舞手にはさぞや大儀でしょうね。

❀8 迦陵頻伽

極楽浄土に住むとされる上半身が人の姿をした仏教の想像の鳥。妙なる声で法を説くと言われています。妙音鳥とも。サンスクリット語の「カラビンガ」(美しい音)」の音訳です。

天女が衣を漁夫から返してもらうお話の、能の『羽衣』でも、天女が住んでいたところでは迦陵頻伽《かりょうびんが》がきれいな声で鳴いていました。『羽衣』の謡は初心者が習います。

『源氏物語』でも「青海波《せいがいは》」を舞うときの光源氏の朗唱が、迦陵頻伽の声のようであると描かれています(第七帖「紅葉賀《もみじのが》」)。

この光源氏の「青海波」は、本書第十一章『須磨源氏』にでてきます。

❀10 役行者

役行者《えんのぎょうじゃ》の名前で知られている役小角《えんのおづぬ》(六三四?〜七〇一?)は、修験道の開祖とされています。

役小角について書かれたものは、平安時代から江戸時代、現代でもたくさんあります。五色の雲に乗って天を飛んだ、山をひらりと越えて大陸まで飛んだ、大峰山と吉野の金峰山に橋をかけようとした、前鬼《ぜんき》と後鬼《こうき》という鬼を従えていたなど、スーパーヒューマンなエピソードが多く、長い間、伝説の人物だとされていました。しかし今では、実在の人物と考えられています。持統天皇の相談役にもなっていたようです。

伝説の人物だとされていたのは、役行者自身で書かれた書物がなかったこともあります。「修験道信仰の根幹」は「天地自然が神仏であり、神仏が天地自然である」からです(五条永教『金峰山寺の三六五日』二〇二二)。修験の道は、書物でなく、大自然の中に身をおき、宇宙の真理を草木山河で、感じて得るものなのですね。

乱れた五濁の世の中で苦しむ人々を救いたかった役行者は、大峰山脈の山上ヶ岳でひたすら祈りました。弥勒菩薩も千手観音もお釈迦さまも現れましたが、柔和なお釈迦さまや観音では、苦しんでいる民衆の心に響かない、

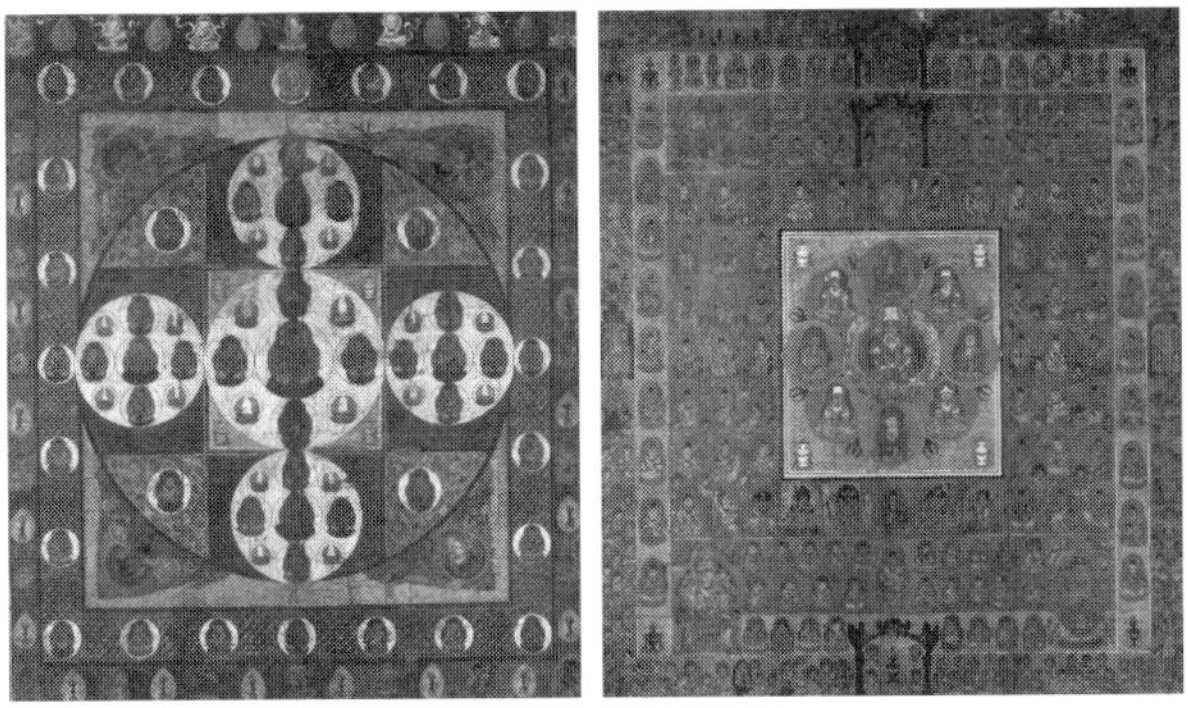

右：金剛曼荼羅、左：胎蔵曼荼羅
（鎌倉時代　奈良国立博物館）

と退け祈り続けたそうです（銭谷武平『役行者伝記集成』一九九四）。

ついに、目前に現れたのが、憤怒の表情の恐ろしい姿。蔵王権現です。これで衆生も救われる、と役行者はその姿を桜の幹に掘ったとされています。伝承では、その像を、蔵王権現を感得した大峰の山上ヶ岳の頂上と、吉野山の中腹に蔵王堂を作り、安置されたとされています。

山上ヶ岳の蔵王堂（大峰山寺）は、「山上蔵王堂」、そして、吉野山、金峰山寺の蔵王堂は「山下蔵王堂」とも呼ばれていたそうです。どちらも役行者が開祖とされています。大峰山脈の山上ヶ岳にある山上蔵王堂にたどりつくためには、修行のような険しい山道を登っていくので、だれもが行ける場所ではありません。誰でもお祈りができるようにと、祀られたのが金峰山寺と伝えられています（『吉野町史』）。

✻11 蔵王権現

役行者から祈り出させた憤怒の様相の蔵王《ざおう》権現《ごんげん》。正しくは「金剛蔵王大権現」。まず、「権現」は仏が「権《かり》」の姿で衆生救済のために「現れた」姿です。「金剛」はダイヤモンドのように硬いもの、「蔵」は、すべてを包括するもの、とすると、強く、漏れなく、私たちを守ってくれる王、ということでしょうか。

あるいは、仏教で考えると、金剛は金剛界。蔵は、胎蔵界。その両界の王。「金剛胎蔵王如来」とも呼ばれるそうです。金剛界は、覚りの智恵を表します。ダイヤモンドのように堅固で揺らぐことのない智です。胎蔵界は、子が母の胎内で育つような、仏の慈悲を表します。

金剛界、胎蔵界は、それぞれ、曼荼羅で表されます。曼荼羅というのは、仏教の世界観を図で表したもの。曼荼羅は、サンスクリット語の音を音訳したもので、原語の意味は、凝縮したもの、本質を備えたもの、完全にまとまったもの。神さまや仏さまが、一定の意味を持って集まっている図です。金剛曼荼羅、胎蔵曼荼羅、ふたつを合わせて両界曼荼羅です。蔵王権現は、曼荼羅世界のすべてを治めていると考えられています。

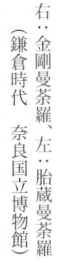

蔵王権現を本尊とする吉野の金峯山寺に伝わる「山伏問答」では、金剛蔵王権現のことを、「宇宙の森羅万象にして、一木一草に至るまで、ご本尊に非ざるものなし」であると書かれているそうです（『金峰山寺の三六五日』）。

九世紀の初めには蔵王権現のお像は祀られていたようです。『続日本紀』や、平安中期に書かれた仏教説話集『大日本国法華験記《だいにほんこくほっけげんき》』には、転乗法師（?～八四九）が金峰山の蔵王権現の宝前に参詣し、閼伽《あか》、香《こう》、燈《とう》などを供え毎夜三千遍礼拝した、との記述があります。閼伽は仏さまにお供えする水や香水のこと。英語のアクア(aqua／水）の語源でしょうか。香は、経典にも記述がよく見られます。お香は不浄をとりのぞき、心を清らかにすると考えられています。燈は、仏さまにお供えする燈明。闇を照らす智恵の光です。

怒りの火焔をバックに右手右足を挙げて憤怒の様相をしているのが、蔵王権現の像です。詳しくは、『嵐山』の❀11（50〜51頁）をご覧ください。

山形県と宮城県の県境には、樹氷と「御釜《おかま》」と呼ばれているエメラルドグリーンの美しい火口湖で有名な蔵王連峰という名前の山があります。この山は、修験信仰の山で、蔵王権現さまが勧請され祀られたことによって、蔵王山の名がつきました。

❀12 木守勝手の神

木守勝手《こもりかって》の神は夫婦神ですが、どちらが男神か女神かの解釈は、能楽の流派によって異なるようです。

コモリを「木守」と表記するのは、宝生《ほうしょう》流、金剛《こんごう》流、喜多《きた》流ですが、観世《かんぜ》流、金春《こんぱる》流では、地元の表記どおり「子守」と書かれるようです。桜の木にいらっしゃる神さまなので、「木守」とするのは洒落《しゃれ》ていますね。

子守権現（子守明神）のお社は、吉野の上千本にある、吉野水分《みくまり》神社です。名前のとおり、水の分配を司る神さまです。水分神社は、「みくまり」が「みこもり」となまり、そこから「御子守り」となり、子宝の神としても信仰されるようになりました。ここの枝垂れ桜が可憐で美しい。楼門をくぐると中庭で出迎えてくれます。豊臣秀頼が再築した本殿、拝殿、幣殿に囲まれた庭で咲いています。

吉野水分神社の枝垂れ桜

『奈良県史 第五巻』などによりますと、今の位置に祀られる以前は、奥千本の青根ヶ峰という山（『嵐山』に出てくる地名のひとつ）の山頂から一キロメートルあたりにあったようです。奈良県吉野郡吉野町の調査（二〇二〇）によれば、吉野水分神社は、この青根ヶ峰の水分神を祀るとされているそうです。

　吉野山の最南端、標高八五八メートルの青根ヶ峰は、吉野水分峯《みくまりのみね》とも呼ばれています。『日本書紀』や、和田萃の『日本古代の儀礼と祭祀・信仰』（一九九五）には、「神さびて」尊い山、水の神さまが宿る山と考えられていた、とあります。青根ヶ峰に降った雨は四方の川に降り注ぎ、吉野川と合流し、吉野川を潤します。水源の地です。

　勝手権現（勝手明神）の勝手神社は、中千本にあります。吉野川のほとり菜摘《なつみ》（『嵐山』に出てくる地名のひとつ）に、ほど近い場所です。創建は紀元前とも言われる古い神社ですが、社殿は二〇〇一年、不審火により焼失してしまいました。吉野山を少し麓まで下ったこの神社も、吉野水分神社同様、青根ヶ峰の水分神を祀るとされているそうです。背後にある山は袖振山と呼ばれ、天武天皇ゆかりの「五節の舞」の起源となった場所と言われています。

中千本の山桜

「吉野天人」月岡耕漁『能楽百番』より（シカゴ美術館）

第三章

千本の桜――其の二『嵐山』

帝の宣旨で、吉野から移された千本《ちもと》の桜を、勅使が嵐山に見に行きます。出会った花守の老夫婦に、勅使は、桜が厭う嵐が地名である理由を尋ねます。嵐山の千本の桜の荘厳さ、壮麗さを、絢爛豪華に、しかも厳かに讃えます。嵐山の桜はもちろんのこと、奈良の吉野山に広がる満開の桜が、舞台に繰り広げられます。

舞台に、桜の立木台が舞台前方に運ばれます。勅使が従臣を連れて登場します。

吉野の花の種取りし、嵐の山に急がん。

おもな登場人物
前シテ：花守の老爺
ツレ：花守の老姥
後シテ：蔵王権現
後ツレ：木守《こもり》の神、勝手《かつて》の神
ワキ：勅使
ワキツレ：従臣
アイ：末社の神

あらすじ
帝の宣旨《せんじ》で、吉野の千本の桜を移植した嵐山へ桜の様子を見に行く勅使たち。そこで花守の老夫婦に出会い、嵐山の桜のことを、教えてもらいます。この夫婦は、実は、吉野山の木守神社、勝手神社の神さま。吉野の桜にやってくるように、嵐山の桜にもやってくるのです。この神さまが仕えるのは、吉野の蔵王権現。最後に、桜にやってくるのは……。

場所　嵐山（京都）

吉野の桜を持ってきた嵐山に、急いで行こう。というのです。吉野の桜は、遠さゆえ帝の御幸《みゆき》が叶わないので、はるばる遠い吉野から嵐山に桜を移植したのです。舞台の勅使は、その嵐山の様子を見てくるようにと、帝から頼まれたのです。

一行は嵐山に到着。勅使たちは「心静かに花を眺め」ようと、桜の景色に感じ入っているところへ、やってくるのは、花守の老夫婦。「雲も上《うへ》なき梢《こずゑ》」の様子は「春も久しき眺め」であると慶びます。雲は桜のこと。桜の花の梢が空高く伸びている春爛漫の景色です。そんな春が、毎年いつまでも続くと感じさせてくれるくらい満開で美しい桜です。

能舞台の上が、桜の花でいっぱいになります。それは、私たちの想像力と玄妙なる謡《うたい》の力で。

桜満開の舞台で、花守の老夫婦は、吉野から嵐山に桜を移した帝の偉業を讃えます。のちのちの後世の人たちも楽しめるから。まさしく、そのとおりになりましたね。老夫婦は、つづけて、嵐山の景観について謡います。花見の牛車も行き交います。戸無瀬《となせ》の滝の様子も。「戸無瀬に落つる白波も、散るかと見ゆる花の滝」だと。波しぶきがたち、それが、散る桜の花びらのよう。まるでスケッチ画を見るようです。戸無瀬の滝は、当時はきっと水量も多く、波もくだけ散って、それが、散る桜の花びらのように、きれいだったのですね。歌川広重の嵐山の浮世絵にも描かれている名所です。今は水量が少なくなりましたが、雨が降ると現れる幻の滝という新名所になっています。

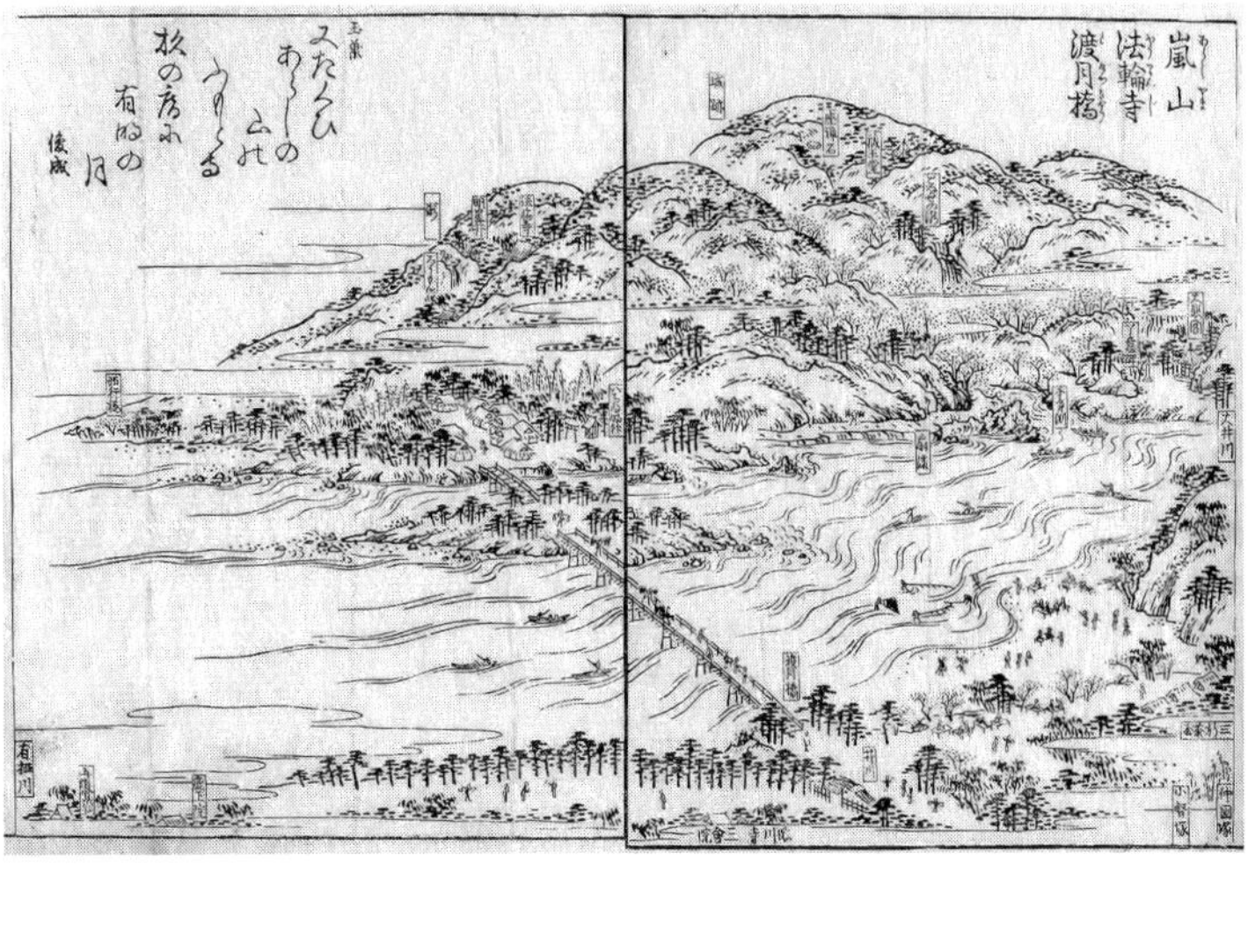

嵐山『都名所図会』より（国際日本文化研究センター）

歌川広重『六十余州名所図会』「山城　あらし山　渡月橋」

老夫婦は、この美しい風景を「盛り久しき気色《けしき》かな」と言祝《ことほ》ぎます。その花守の老夫婦の様子が、帝の勅使には「渇仰の気色《かつがう》」つまり、信仰心が深い様子に見受けられました。「渇仰」というのは仏教用語です。そのことを勅使が老夫婦に尋ねると、老爺は、それは、嵐山の桜は「神木《しんぼく》」だから、という返事。

そして、あまり知られていないことなのだけれど、と前置きして教えてくれることには。「名に負《お》ふ吉野の千本《ちもと》の桜」を移しおかれたので、吉野の桜にやってきている吉野の「木守勝手《こもりかつて》の神《しん》」が、嵐山でも、桜の「花に影向《やうがう》」するとのこと。影向というのは、神さまや仏さまが現れることです。姿は見えませんが、気配で現れることです。どうりで、あまり知られていないわけですね。仮の姿で現れることは、権現です。仏さまが神さまとして現れます。吉野の「木守勝手」の神は、蔵王権現に仕える夫婦神で、吉野山にそれぞれの神社があります。※1

勅使は質問を続けます。人も嫌がり、花も吹き散らしてしまう嵐。それが名前に入った嵐山※2に移した理由は、という質問。それこそが「神慮《しんりよ》」で、吹く風も「神風《かみかぜ》」となるという花守の老爺の答え。

ここで、実は、と老夫婦。花守の私たちこそ、「木守勝手」の「夫婦の神」と教えてくれますが、「人にな知らせ給ひそ（ほかの人に言ってはいけませんよ）」と。そして、吉野と嵐山の風景の比較考察を披露してくれます。

まずは、吉野の「笙の岩屋《しやう　いはや》」。大峰山脈※3にある洞窟で、修験道の修行の場所です。ここでの読経も修行のひとつ。この笙の岩屋や大峰山を舞台に、修験道の修行者が、大自然を相手に、命をかけて厳しい修行を積みました。

※1 詳しくは『吉野天人』の※12（34頁）をご覧ください。
※2 嵐山という地名は、実は吉野にもあります。現在、下千本駐車場横にある山です。
※3 大峰山脈　↓48頁。

その「笙の岩屋」に「松風」が吹くと……。

笙の岩屋の松風は、実相《じッさう》の花盛り、開《ひら》くる法《のり》の声立てて、今は嵐の山桜、

「実相」[※4]というのは、釈迦が教える宇宙の真理、それが「花盛り」で、心に迷いがなくなり、真理を会得するのです。笙と松風の取り合わせが、なんとも風雅ではありませんか。変化し続ける森羅万象の奥底にある本質を、伝えて響きます。その「法の声」、真実を表す深淵なる教えが、今は嵐山の山桜に。

風の声に耳を澄ませた次は、川のせせらぎ、吉野の「菜摘《なつみ》の川」です。菜摘は吉野川のほとり。古代の吉野宮《よしののみや》があったとされている宮滝遺跡のすぐそばです。青根ヶ峰が美しく眺められ、万葉人が桃源郷と考えていたところです。持統天皇や天武天皇が訪れていました。『万葉集』にも、鎌倉、室町の勅撰和歌集にも菜摘の地名は、登場します。その「菜摘の川」は……。

菜摘の川の水清く、真如《しんによ》の月の澄める世に、五濁《ごぢよく》の濁ありとても、流れは大堰川《おおいがわ》その水上《みなかみ》はよも尽きじ。

「真如」は、「実相」と同じと考えます。「真如の月」というと、仏の教えを会得できたこと、真如によって煩悩の迷いから自由になるという意味になります。「五濁」[※5]は、世の中が劣化していく姿を五つに分類したもの。

※4 実相 ↓49頁。

※5 五濁（五濁悪世）↓49頁。

菜摘の川の水は清く、仏の教えが現れている月が冴えわたります。たとえ水が濁るようなことがあったとしても、水の「流れは大堰《おほゐ》（＝多い）」ので、心配はないのです。この流れの多い川が、嵐山の「大堰川《おほゐがわ》（桂川）」です。つまり、嵐山でも吉野山でのように、真如の月、清麗な清流がさらさらと流れます。

そこで、結論は、

いざいざ花を守《も》らうよ。

桜の花を愛おしみ、世話をし、桜を守っていこう、と木守勝手の両神。「いざいざ」というのは、勅使にだけでなく、観客の私たちにまで、語りかけてくれているかのようです。「**春の風は空に満ちて**」います。「**神風**」なので、「**千本《ちもと》の山桜のどけき嵐の山風は、吹くとも枝は鳴らさじ**（のどかな風の嵐山は風は吹いても千本の山桜の枝が鳴るようなことはない）」と、両神は「**南に方に**」去っていきます。中入です。

夫婦神がいなくなり、勅使たちが待っている間に、舞台には「**蔵王権現《ざおうごんげん》**※6の末社の神」がやってきて、嵐山の桜のことを語ります。

吉野の千本の桜の種をとったこと、都の西嵐山に移植※7され、花も栄えたこと、それというのも、木守勝手神の影向があり、風も嵐山を避けてもらったこと、今日帝の勅使が来て、木守勝手神が喜んでいること。木守勝手神は、「**奇特《きどく》**※8」を見せたいと言っているので、

※6　蔵王権現　↓33頁（『吉野天人』※11）。
※7　吉野から嵐山へ　↓49頁。
※8　不思議なこと。

ここで待っていてほしいこと。

　このとき、「末社の神」はワキ方の勅使と直接会話を交わすわけではありません。勅使にとっては、たとえば、風の音に神の声が聞こえたような、という感じなのでは。そして、「末社の神」は、勅使に来訪のお礼の一曲。「やらやらめでたやめでたやな」と謡い始め、軽やかな舞を舞って退場します。※9

　末社の神がいなくなると、囃子に合わせ、木守と勝手の両神が、それぞれ桜の枝を持ち、登場。地謡が「み吉野の、千本《ちもと》の花の種植ゑて。嵐山あらたなる神遊《かみあそ》びぞめでたき」と謡います。「神遊び」として、風景が婉美に嘆称されます。

　青根が峯ここに、小倉山《をぐらやま》も見えたり。向ひは嵯峨《さが》の原《はら》、下は大堰川《おほゐがは》の、岩根《いはね》に波かかる、亀山も見えたり。万代《よろずよ》と、万代と。囃《はや》せ囃せ神遊び。

吉野の聖なる山、青根ヶ峰※10が、まるでここ嵐山にもあるようだとされたのは、嵐山の「小倉山」です。それから「嵯峨の原（嵯峨野）」に「大堰川《おほゐがわ》（桂川）」、それに後嵯峨天皇の時代から離宮のあった「亀山」も。持統天皇や天武天皇が神仙境として訪れていたであろう吉野。それになぞらえられた嵐山山麓の美しい景色。

　時空を超越して、吉野の聖なる空間が、京都の嵐山に、重なります。そして、能楽堂にいる私たちの「今ここ」も嵐山に、さらに吉野に、重なります。

　木守、勝手の夫婦神が「天女の舞」を舞うと、南風にのり「異香薫《いきやうくん》じて瑞雲《ずいうん》たなびき、

※9『嵐山』の「間狂言《あいきょうげん》」は、『猿婿《さるむこ》』という狂言の曲にする演出もあります。吉野の猿が嵐山の猿に婿入りをし、祝宴をするという筋書きです。現在の嵐山にはモンキーセンターがありますね。

※10 青根ヶ峰 ↓50頁。

金色《こんじき》の光輝《かがや》きわた」ります。この世のものとは思えない素晴らしい香りが漂い、虹色の雲が広がり、金色に輝く光で満ち溢れ、現れたのは……。

蔵王権現《ざわうごんげん》の来現《らいげん》かや

お幕が上がり、現れたのは蔵王権現※11。そして、その出で立ちは、長い赤毛のふさふさふわふわとしたかつら、「赤頭《あかがしら》」を冠り、面《おもて》は「大飛出《おおとびで》」です。大飛出という面は、目が大きく飛び出し、口も豪快に大きく開いています。その目も顔も金泥に塗られています。なにやら、目からビームが飛び出しても不思議はないような。眩いばかりの眼光を放つ、とても迫力のある面です。装束もいかめしく、尊厳のある風貌です。蔵王権現、その正式名は「金剛蔵王大権現《こんごうざおうだいごんげん》」。「金剛」は知恵の金剛界、「蔵」は慈悲の胎蔵界。密教の世界線です※12。

橋掛の横の三本の松は、舞台に近い方から、一の松、二の松、三の松です。舞台に向かってやってきた蔵王権現は、一の松で、立ち止まります。そのいでたちは、「和光利物《わくわうりもつ》の、御姿《おんすがた》」。「和光」とは、仏さまや菩薩さまが、自らの徳の光を和らげ、本来の姿ではなく仮の姿で、人々の前に現れること。世俗に溶け込むという「同塵」という言葉と一緒に「和光同塵」として、使われることも多いです※13。「利物」は、人々に利益《りもつ》を与える、つまり、人々を救うこと、です。私たちを救い出してくれるために、仮の姿、つまり権現さまとして現れてくれたのです。

蔵王権現は、舞台の真ん中まで進み、「われ本覚《ほんがく》の、都を出でて」と謡います。「本覚」

※11 蔵王権現の像　↓50〜51頁。

※12 詳しくは『吉野天人』の※11（33頁）をご覧ください。

※13 たとえば『摩訶止観』六下など。

能面　大飛出
（江戸時代　東京国立博物館）

赤頭
（江戸時代　東京国立博物館）

というのは、仏教で「本来の悟り」の意味。悟りは悟りでも、苦労して得られた悟りではなく、人間が本来、もともとだれもがもっていた悟りを「本覚」と呼びます。

私たちは、みんな、生まれながらにして「本覚」をもっているのだけれども、生きていくうちに、世間の濁りに、もまれてしまって、つまり、「五濁」や「分段同居《ぶんだんどうご》※14の塵に交」わってしまい、この「本覚」を見失ってしまうのです。「悉有仏性《しつうぶっしょう》」とも言われるように、本来、みんな、仏さまと同じ性質が誰にも備わっているのですが、さまざまな要因で、普段はその仏性が隠されてしまっているのです。本来、私たちに備わっているこの「良きもの」をもういちど見つけだす、ことが本当の悟りなのです。

見失ってしまっている状態が「不覚」、迷い、苦労して得るのが「始覚」、そして、心の中に存在していた悟りにたどりつくのが「本覚」です。私たちや、あらゆる存在の本質は仏性なのです。私たちが、本来の心の中の悟りにいきつくために、蔵王権現は、悟りを啓いている場所から離れ、衆生を救いにきてくれたのです。それはこんなふうに。

金胎両部《こんたいりやうぶ》の、一足《いッそく》をひっさげ

金胎両部は、金剛界と胎蔵界のこと。ふたつをあわせて金胎両部。修験道や密教では、大峰山脈の吉野に近い北を金剛界、南を胎蔵界とする

「嵐山」　月岡耕漁『能楽図絵』より（シカゴ美術館）

そうです。※15

そして、大峰山全体を曼荼羅と考えるそうです。曼荼羅というのは、密教で生まれた美術。仏教の悟りの境地を美しい図式にしたものです。金胎両部の両部曼荼羅は、密教での宇宙観をあらわします。『嵐山』に曼荼羅が重なるというのは、研究者も指摘しているところです。※16 壮大な宇宙観が能舞台に広がります。

「金胎両部の、一足をひつさげ」と地謡が謡うと、蔵王権現は、足拍子を強く踏み、左手に扇、右足を上げ「悪業《あくごふ》の衆生《しゆじやう》の、苦患《くげん》を助け」と答えます。前世で悪さをした人々が受ける苦しみや悩みにも寄り添ってくれるのです。

地謡が「さてまた虚空《こくう》に、御手《みて》を上げては」と謡うと、蔵王権現は、右手を上げ、「たちまち苦海《くかい》の、煩悩《ぼんなふ》を払ひ」とつづけます。海のように無限の苦しみの世界にいる私たちから、煩悩を払ってくれるのです。ありがたい。

さらに地謡は、「悪魔降伏《あくまがうぶく》の青蓮《しやうれん》の眦《まなじり》に、光明を放つて、国土を照らし」と解説。「青蓮の眦」というのは、仏さまの眼のこと。古代インドの大長編叙事詩『ラーマーヤナ』によると、「蓮の花びらのような眼」だそうです。「光明」も仏さまが発する光のこと。「悪魔」、つまり、病気や貧困、不公平な社会といった世の中も、もちろん、私たちひとりひとりの心のなかに潜む邪悪さ、狡猾さ、不親切な気持ち、こういったものも、やっつけてくれ、仏さまの、見目麗しく優しい眼で、国土を遍く照らしてくれるのです。悪いものは退散です。

こんなふうに、「衆生を守る誓ひをあらわし」てくれました。ここで、木守と勝手も後ろから蔵王権現に近づき、三権現が並びます。私たちの平安な暮らしのために、三権

※14 俗物も聖人も同じように住んでいる現生のこと。

※15 大峰山脈の金剛界と胎蔵界を分けているのは、「両部分け」という、岩が裂けている標高一六九三メートルの場所です。
この両部分けのあたりの険しい岩場に、蔵王権現の像が据えられているそうなのですが、よほどの登山テクニックがないと行けない場所です。その昔、強力《ごうりき》と呼ばれる人がお像を持って登山されて安置されたそうです。

※16 岩崎雅彦（『能楽演出の歴史的研究』）、石井倫子（『風流能の時代』）。

現が「一体分身《いッたいふんじん》」の姿を見せてくれます。さて三権現並んでどうするか。説法でしょうか。お叱りでしょうか。経典の引用でしょうか。なんと……。

おのおの嵐の、山に攀《よ》ぢ登り、花にたはぶれ、梢《こずゑ》に翔《かけ》つて、

蔵王権現は、木守、勝手の両権現とともに、桜の花と戯れながら、嵐山を駆け巡るのです。権現さまたち、桜遊びです。私たちの幸せのために。桜に降り立ち、桜の花と戯れ。私たちの幸せを祈ってくれるのです。世の中の平和であること、私たちが健康で、家族や友人と素敵な時間を過ごしていけることを、お祈りしてくれるのです。

さながらここも、金《こがね》の峯《みね》の、光も輝《かかや》く、千本《ちもと》の桜の、栄行《さかゆ》く春こそ、久しけれ。

ここ京都の嵐山も、まるで吉野の金峰山の千本の桜のように、光輝いています。こんな栄えゆく春、いつまでも続きますように、と、両手を挙げた蔵王権現が手を下ろして、留拍子※17で終わります。両手を挙げるのは、神のポーズだそうです。舞台はまさに春爛漫。舞台いっぱいに広がる桜。幸せな充足感、のどかで平和な春。いつまでも、いつまでも、続きますように。

❖能の詞章は『新編日本古典文学全集58 謡曲集1』（小山弘志・佐藤健一郎　小学館　一九九七）を使用しました。

※17 足拍子を踏む。

笙の岩屋

❀3 大峰山脈

大峰山脈《おおみねさんみゃく》は、木守神、勝手神の神社のある吉野山のさらに南です。修験道や山伏の話でも耳にする山です。吉野山から、南は和歌山県の熊野まで、紀伊半島に南北に伸びる山脈です。全長一〇〇キロメートルを超す険しい縦走路で、修験の荒業として苦行を行いながら歩いていました。修験道は、日本に古くからあった山岳宗教と、仏教、特に天台宗と真言宗の密教が結びついていきました。神仏習合です。修験の修行は日常を離れ、大自然に抱かれて行われます。

百人一首に入っている平等院僧正行尊《ぎょうそん》（一〇五四～一一三五）の次の桜の和歌は、大峰山での厳しい修行中に詠まれました。「もろともに　あはれと思へ　山桜《やまざくら》花　より外《ほか》に　知る人もなし」（『金葉集』巻九雑）、桜を愛しく思い、桜にも自分を愛おしく思ってほしいよ、という気持ち、人にも出会わず、日常から切り離された荒業の痛苦が推しはかられます。

笙の岩屋は、吉野に近い北部にある日本岳（別名文殊岳、標高一五五〇メートル）の絶壁に自然に開かれた洞窟です。大普賢岳を東に下ったところです。洞窟の高さは、現在は三メートルほど。四〇畳ほどの広さです。こういった嵓《いわや》というのは、大峰山中、いくつか見られます。「笙の岩屋」という名がついたのは、この嵓の上の岩が雅楽の楽器の笙に見えるから、とも、ここを通る風の音が笙の音のようだから、とも。

「嵐山」　月岡耕漁『能楽百番』より（シカゴ美術館）

※4 実相

インドの霊鷲山《りゅうじゅせん》で、釈迦の教えを聞こうとするお弟子の舎利弗尊者《しゃりほつそんじゃ》。とても賢いと評判の弟子です。しかし、釈迦は、この弟子に、自分が会得した宇宙観、存在の意味は、「難しいので解説しない」と伝えます。そこをなんとか、と言う弟子に、釈迦はひと言、「諸法実相」と言いました。『法華経』方便品《ほうべんぼん》第二に書かれています。あらゆる存在は「実相《じっそう》」なのです。「実相とは何か」は、お釈迦さまでも、ひと言で言えません。ひと言で言ってしまえば、その言葉で表しきれなかったことが、伝わらなくなってしまいますから。

時と場合に応じて、いろいろな言葉が使われます。その真理の言葉は、たとえば、『般若心経』に出てくる「空相」とも同じです。「色即是空、空即是色」のすぐ後に出てきます。法性、仏性、真如などという言葉で表されるときもあります。いずれも釈迦が悟られた、宇宙と生命の真理です。すべてのものは、あるがまま。すべてのものは、つながっている。そして、すべてのものは、変化しているのです。変化を続け続けるすべてのものの奥底には、それをあらしめている真実の姿、本質があるのです。

※5 五濁悪世

五濁悪世は、劫濁《こうじょく》（時代の汚れ）・見濁《けんじょく》（邪悪な見解や考え方）・煩悩濁《ぼんのうじょく》（煩悩による汚れ）・衆生濁《しゅじょうじょく》（人々のあり方が汚れること）・命濁《みょうじょく》（生きている充足感を感じることができないこと）の五つです。『法華経』の方便品第二で説明されています。

『阿弥陀経』では、五濁の中でも、覚《さと》ることができるという教えは、「阿耨多羅三藐三菩提《あのくたらさんびゃくさんぼだい》」であると書かれています。これは、サンスクリット語の音訳で、漢訳にすると、「無上正等正覚」とか「無上正等覚」など。「この上無い仏の覚り」です。『般若心経』にも出てくる言葉です。この「覚り」は、言葉にならない境地だとして、仏教では定義づけをしていません。あるがままの自分の心がわかるとか、真理とのフュージョン（融合）とか。修験道では、自然の声を聞き、自然と一体となって感じる境地でしょう。

※7 吉野から嵐山へ

後嵯峨天皇が、桜を吉野から移植するにあたり、ほかにも、吉野の山からもらってきたものがあるのです。吉野の蔵王権現です。蔵王権現は修験道の守護神。吉野の金峯山寺《きんぷせんじ》本堂の御本尊でもあります。遠く吉野から、京都の嵐山にも来てもらえるように祈り、京都の嵐山にも祀られたそうなのです。嵐山の桂川の南の河岸の道を行くと、戸無瀬の滝があり、その先に「蔵王大権現」と名前が刻まれた鳥居があります（その先は、現在のところ、通行止めになっています）。林野庁の京都大阪森林管理事務所が、平成二十四年に出した『嵐山国有林について』という冊子には「後嵯峨天皇が 吉野から嵐山にサクラを移植した際に蔵王権現を勧請して祀ったと言われる」とあります。大正時代に出版された『旧都巡遊記稿』（秋元春朝著）にも、嵐山の中腹にある「蔵王社」には、「大和国吉野山蔵王権現を勧請する所にして木守勝手夫婦の二神を祭る」とあるのです。京都の嵐山に蔵王権現と木守勝手の両神が一緒に祀られたのですね。吉野の蔵王権現については、『吉野天人』の❀11（33頁）をご覧ください。

蔵王権現は、菜摘が舞台となった能の『国栖』にも登場します。壬申の乱で、大友皇子に都を追われた大海人皇子（のちの天武天皇）は、吉野へと落ちのびます。その夜、蔵王権現が現れ、のちの天皇の御代を寿ぐというものです。

❀10 青根ヶ峰

吉野山の最南端、標高八五八メートルの青根ヶ峰《あおねがみね》は、吉野水分峯《よしのみくまりのみね》とも呼ばれています。『日本書紀』には、「神さびて」尊い山、水の神さまが宿る山と考えられていた、とあります。「みくまり山（吉野水分峯）」や「青根ヶ峰」を詠った和歌は『万葉集』にも、鎌倉、室町時代の私撰、勅撰和歌集にも見られます。西行も、青根ヶ峰の心地良さを和歌にしています。

❀11 蔵王権現の像

蔵王権現の像は、お寺や博物館などで拝見することができます。博物館は、東京国立博物館（トーハク）を始め、奈良国立博物館（ナラハク）、ニューヨークのメトロポリタン美術館（メット／MET）、パリのギメ東洋美術館（ミュシギメ／Musée Guimet）など。

お寺では、京都の広隆寺、鳥取県の三佛寺《さんぶつじ》、吉野山の如意輪寺。如意輪寺の蔵王権現は、一本の桜の木から掘り出された一木造《いちぼくづく》り。極彩色に細い金箔がほどこされ、身体は青黒い八四センチメートルほどの小さめの像。背後には火焔がメラメラとあり、激しい憤怒の相貌です。髪の毛は逆立ち、目はつり上がり、口には牙も。金剛杵《こんごうしょ》が握られた右手は高く挙げられ、右足も高く、左足は大地を力強く踏ん張り、お腰にあたりの左手は刀印《とういん》を結ばれています。そして、ここの蔵王権現さまは、三つ目です。

右手に、ダンベルのように握られている金剛杵というのは、古代インドの武器。インド神話の雷神であり、軍神であるインドラが武器として使ったことが、『リグ・ヴェーダ』にも描かれています。インドラ神は仏教にも取り入れられ、仏教の守護神となり、帝釈天と中国で名前がつき、日本にもやってきました。柴又の「寅さん」の映画でおなじみの帝釈天です。仏教では、金剛杵は、魔を打ち砕いてくれます。

腰にあてた左手の刀印は、伸ばした人さし指と中指を刀だと見立てます。指の刀で一切の悪や煩悩を断ち切るのだそうです。阿弥陀如来さまや飛鳥時代の釈迦如来さまの仏像でも見られます。

お釈迦さまの場合、左手は刀印で、右手は胸の前で開いた手の平を外側に向けてくれているポーズが多いですね。この右手は施無畏印《せむいいん》と呼ぶそうです。私たちに、恐れることは何もないので、安心するように、語りかけてくれています。蔵王権現さまの右手と比べると、その違いは、とても興味深いです。

　左足は下に悪魔を押さえこんでいるかのように、地面を強く踏みつけています。悪魔降伏《ごうぶく》です。病気や貧困、不公平な社会といった世の中、私たちの外の世界の魔も、そして、私たちひとりひとりの心のなかに潜む邪悪さ、狡猾さ、不親切な気持ちといった心の中の魔も、壊してくれます。

　吉野の金峯山寺では蔵王権現が本尊です。蔵王堂の三尊の蔵王権現は、ご開帳時期が決められています。日本最大の秘仏で、七メートルもの高さです。三尊とも、体は青く、激憤やるかたないご尊容。紅蓮の炎を背負い、強い風を受けているかのように、衣は吹き上がっています。赤い髪は逆立ち、つり上がった目は金色に光り、大きく真っ赤に開いた口からは、牙ものぞいています。右手右足を高くあげ、右手には三鈷杵。左手は、お腰で刀印。左足は地面を強く踏みつけています。

　現存の像は、ファイバースコープなどの調査で、像の胎内に仏師の銘と天正十八（一五九〇）年と書かれていたことがわかりました。現在の蔵王堂の完成は、豊臣秀吉の寄進により天正二十（一五九二）年に完成したとされています（『吉野町史』二〇〇四など）。世阿弥没後四七年後、『嵐山』の作者とされる金春禅鳳（一四五四～一五三二）の没後の三八年後の完成ということになりますね。

右：蔵王権現立像（平安時代　奈良国立博物館）
左：如意輪寺の蔵王権現立像

金峯山寺蔵王堂の蔵王権現立像

第四章

山桜『志賀』

吉野や京都から山越えをしたところにも山桜。お能の『志賀《しが》』では、志賀の神となった平安歌人、大伴黒主《おおとものくろぬし》（生没年不詳）が桜の枝をもって登場します。『古今和歌集』の和歌の勧めを確認しながら、詞章に見え隠れしている桜の和歌を堪能できる能です。

能のお話に入る前に、まず、志賀のこと、黒主のこと、『古今和歌集』のことから。

✿春の志賀越え

「志賀」は、琵琶湖近くの地域。飛鳥時代（五九三〜七一〇）に、天智天皇の頃、五年の間（六六七〜六七二）だけ、飛鳥から志賀に都が移されたことがありましたが、壬申

おもな登場人物
前シテ：薪を担いだ老人
後シテ：志賀明神（大伴黒主）
ワキ：都の官人

あらすじ
花盛りの志賀の山桜を見に、都からお供を連れ、山路を越えてきた宮仕えの官人。桜を楽しんでいると、薪に桜の枝を挿した老人が現れ、花の陰でひと休み。実は、このご老人は、歌人の大伴家持が神となった志賀明神でした。

場所　志賀（滋賀県大津市）

の乱で焼失してしまいました。

その志賀の都であろうとされる場所から西北に志賀寺（崇福寺《すうふくじ》）があり、平安時代の初期には、京都から志賀越えの、志賀寺参りが人気でした。パワースポットだったのでしょうね。今は琵琶湖畔に崇福寺跡として礎石などが残っています。

志賀越道《しがごえみち》は、京都の銀閣寺あたりから志賀峠を越えていく山道です。比叡山ドライブウェイの近くです。近江八景※1のひとつ、滋賀の唐崎（辛崎）に到着します。今は廃道になりつつあるそうですが、往時は、たくさんの参詣客が行き交ったようで、和歌も多く作られました。桜の和歌がひときわ多いです。きっと春、桜を見に、たくさんの人が志賀寺詣でにでかけたのでしょうね。

✼志賀の神となった大伴黒主と『古今和歌集』

さて、鎌倉時代に書かれた鴨長明の『無名抄』に、この志賀の山（志賀神社）に神として祀られた平安歌人のことが書かれています。大伴黒主です。六歌仙※2のうちのひとりです。六歌仙というのは、『古今和歌集』の序文で名前が挙げられた六人の歌人。後から六歌仙と呼ばれるようになりました。

✼『古今和歌集』の序文

『古今和歌集』の序文は、二つあります。漢文で書かれた「真名序」と和文で書かれ

※1　琵琶湖畔の八つの景勝地。石山の秋月、比良《ひら》の暮雪、瀬田の夕照、矢橋《やばせ》の帰帆、三井《みい》の晩鐘、唐崎の夜雨、堅田《かただ》の落雁、粟津《あわづ》の晴嵐。中国の「瀟湘八景」にならって十六世紀頃に作られました。江戸時代、歌川広重の浮世絵にも描かれています。

※2『古今和歌集』に名前の挙がった六人の歌人は、僧正遍昭、在原業平、文屋康秀、喜撰法師、小野小町、大伴黒主です。覚え方は、「お惣菜は気分だい」お（小野小町）そう（僧正遍昭）ざい（在原業平）は、き（喜撰法師）ぶん（文屋康秀）だい（大伴黒主）だそうな。在原業平と小野小町は能の作品にもいくつか取り上げられています。小野小町と大伴黒主がいっしょに登場する能もあります。僧正遍昭と喜撰法師の和歌も、能に取り上げられています。

た「仮名序」※3です。それぞれ、紀淑望《きのよしもち》（生年不明～九一九）、紀貫之《きのつらゆき》（八六六？／八七二？～九四五）の作とされています。

その「真名序」「仮名序」では、『万葉集』の柿本人麿と山部赤人が絶賛され、さらに、「近代存古風者（近き代に、古風を存する者）」（「真名序」）、「近き世にその名きこえたる人」（「仮名序」）として、六人の歌人が挙げられています。能『志賀』でも「二聖六歌仙を始として」と謡われます。

✽『古今和歌集』の黒主評

さて、その序文で、大友黒主がどのように評されているかというと、「真名序」では、「頗有逸興、而体甚鄙。如田夫之息花前也。」すこぶる面白味があり、和歌は鄙《ひな》びている。田夫が花の前で、休息しているようである、とあります。「仮名序」では、「大友黒主は、そのさまいやし。いはば、薪負《たきぎお》へる山人の、花のかげに休めるがごとし」と書かれています。ここが能でのポイント。

では、能の『志賀』です。

舞台では、都からのお役人、お供を従え、「さても江州志賀の山桜。今を盛《さかり》なる由《よし》承り及び候ふ程に。唯今志賀の山路へと急ぎ候」と登場です。志賀の山に着いた舞台の一行は、しばらく「花を眺め」ることにします。そこへ、「さゝ波や。志賀の都の名を留

※3　紀貫之の書いた「仮名序」の始まりは、「和歌《やまとうた》は、人の心を種《たね》として、万の言の葉とぞなれりける」です。そして、「生きとし生けるもの、いづれか歌をよまざりける」と続きます。これは、欧米の人たちにはショッキング。『古今和歌集』が初めて英訳され、紹介されたときには、びっくりされましたし、今でも文学や芸術の学会や、宗教の学会で、海外では変わらず、とりあげられる一節です。

というのも、西欧文化では、『聖書（ヨハネ福音書）』にあるとおり、「始めに言葉ありき。言葉は神とともにあった」のです。天の上から、万物の頂点とされる人間だけに与えてもらったのですね。『ヘブライ語聖典（旧約聖書）』の「創世記」にあるとおり、人間は、イマゴ・デイ（Imago Dei／神の似姿）ですから。

しかし、「仮名序」では、心にある種から育って、言葉になるし、歌といえば、鶯や蛙、万物が歌います。万物の霊長である人間の特権では決してなく。天上からでなく、むしろ下の土から。自然を支配する人間でなく、自然とともに生きて、歌もできると考えているのです。これは、すごい。

めて。昔ながらの山桜」と、やってきたのは、薪を背負ったご老人。さあ、さっそく、桜の和歌の登場です。もとの和歌はこれ。

さざなみや　志賀の都は　荒れにしを
　昔ながらの　山桜かな
『千載和歌集』巻一春上66

志賀の古都は荒れてしまったけれど、長等《ながら》山の山桜の美しさは昔から変わらない、と詠われます。人間の営みの儚さと、桜の悠久なる美しさが伝わってきますね。『千載和歌集』に「よみ人しらず」として載せられています。『千載和歌集』は、平安時代末期に、後白河院の命により、藤原俊成が撰者となった勅撰和歌集です。この和歌は、「よみ人しらず」として載せられていますが、実は、薩摩守平忠度《さつまのかみたいらのただのり》（一一四四〜八四）の作。「よみ人しらず」となったのは、平家は朝廷の敵になってしまっていたから。その経緯は『平家物語』（巻七　十六「忠度の都落ち」）※4に描かれています。能の『忠度』（本書第十二章）では、名前を載せてもらえなかった忠度の遺恨が描かれます。一ノ谷のそば（須磨）の桜の下で繰り広げられます。

さて、この山のご老人、見ると薪に桜の枝を結んでいます。そして、休んだ場所は「花の蔭《かげ》」。『古今和歌集』の序文を読んでいれば、はは〜ん、ですね。都人も老人と、老人の様子はまるで黒主の歌のようだ、と言葉を交わします。まさしく序文で言われた黒主の和歌評の、ビジュアル化です。

都人は、「黒主」といえば、「心を寄する老の波」では、と話しかけます。黒主には老

※4 忠度は、戦地に向かう前に、和歌の師の藤原俊成に会いに行きます。俊成に「平家一門は滅びるだろう。歌集を編纂していると聞きました。私の一首も入れて欲しい。」と伝えます。可哀想に思った俊成は、この歌をよみ人知らずとして載せることにしました。朝廷も作者が忠度だと知りながら黙認したそうな。この話は尋常小学校唱歌で歌われた「青葉の笛（敦盛と忠度）」の二番の歌詞になっています。

いを気にかけた和歌がありましたねえ、というのです。老人は、その和歌こそ、田夫が桜の下に休んでいると紀貫之が批判したもの、と言いながらも、その和歌には、ここではまったく触れず、すぐさま老人は、『古今和歌集』の序文に書かれた和歌の道を話し始めます。「歌人の心は花」であり、和歌は「天地を動かし鬼神も感をなす」というのです。

『古今和歌集』の「真名序」にも「動天地、感鬼神（天地を動かし、鬼神を感ぜしめ）」とあります。この後、「真名序」では、「化人倫、和夫婦、莫宜於和歌。（人倫を化し、夫婦を和《やはら》ぐること、和歌より宜《よろ》しきはなし）」と続きます（中国の古典、『詩経』の大序にも詩歌が夫婦によいと書き入れています）。人間関係や夫婦の間柄を良くするにも、和歌ほどよろしいものはない、という。

続いて、山の老人は、黒主は山の神になったとされているんだよ。私も薪を背負って桜の下で長く休みすぎたよ、と言い、退場します（中入です）。

しばらくのちに、老人が姿を替えて再登場しますが、その間、都人は地元の人から話を聞きます。地元の人が、山桜のこと、大友黒主が山桜を愛したこと、それで、志賀明神になったことなど話した後、都人は「いざ今日は。春の山辺にまじりなん。暮れなばなげの花の蔭」と謡います。今日は桜咲く山を楽しもう。日が暮れたからといって、心地の良い桜の木の下がなくなってしまうということではないから、というのですね。そしてこれはまさしく、素性法師（八四四?～九一〇?）のこの和歌。※5

※5 素性法師が雲林院《うんりんいん》親王（常康《つねやす》親王）を京都の北山に、お花見に誘ったときの和歌。雲林院親王が出家される（八五一）前日のことでした。

いざ今日は　春の山辺に　まじりなん
暮れなばなげの　花のかげかは

『古今和歌集』巻二春下95

地元の人が退場した後、幕[※6]が開き、「雪ならば幾度袖を払はまし。花の吹雪の志賀の山」と舞台にやってきたのは志賀明神です。この詞章のもととなっている和歌は、こちら。

雪ならばいくたび袖をはらはまし
花の冬吹《ふぶき》の志がの山ごえ

『六華和歌集』[※7]（春271）

歌人は、鎌倉六代将軍宗尊親王《むねたかしんのう》（中務卿在位一二六五〜七四）。

志賀の山越は桜の花びらがまるで、吹雪のように舞い散っていて、これが、雪だったら、濡れてしまうので、何度となく袖を払ったのかも、というのですね。まるで舞台中が降りそそぐ花びらまみれになったかのようです。

ところで、江戸の人たちに、能の『志賀』が人気だったのか、宗尊親王の和歌が人気だったのか。こんな江戸狂歌《パロディ》があります。

雪ならば　いくら酒手をねだられん
花の吹雪の　志賀の山駕籠[※8・9]

志賀明神の謡は続きます。志賀の山を超えてきた里にも、花園のように桜が美しく、

※6 能楽堂の幕　→159〜161頁を参照。

※7『六華和歌集』は、古歌を集めた和歌集。江戸時代の寛文か元禄の頃の書写（島原松平文庫）が残っています。

※8『酒手というのは、雪で寒いので、お酒で温まるようにと、駕籠かきへのチップ。『万代狂歌集』載。作者は馬場《ばばの》金埒《きんらち》（一七五一〜一八〇七）。

※9 桜好きの西行にも山桜咲く志賀の山越えの和歌があります。

散りそむる　花の初雪　降りぬれば
踏み分けま憂き　志賀の山越え
（『山家集』春歌）

雪が降るように志賀の山道に散る桜の花びら。それを踏んで行くのは、どうにも忍びない。

近江の海（琵琶湖）も春めいている、と。琵琶湖畔の景勝地である「**辛《から》崎《さき》**（「唐崎」とも。滋賀県大津市）」、そして、琵琶湖の東側にある「**鏡山**（滋賀県蒲生郡）」の名前も挙げられ、謡は「**年経《としへ》ぬる身は老《おい》が身の**」と続きます。さて、ここで、ようやく黒主の「老い」の和歌が見え隠れしての登場です。黒主のもとの和歌はこうです。※10

鏡山　いざたち寄りて　見てゆかん
年へぬる身は　老いやしぬると

『古今和歌集』（巻第十七　雑歌上　899）

鏡山に立ち寄って、映してみよう。年を重ねたわが身が老いて見えるかどうか。古来信仰の山の鏡山を、鏡ととらえて詠んだのですね。山道をしっかり歩いていくのですから、年を重ねていても、老いた姿ではない、というのでしょう。先に「老い」にこだわった黒主の歌とありましたが、ここで伏線回収です。ところで、この和歌は、どうでしょうか。田夫が桜の下で休んでいるふうでしょうか。

謡の詞章は、「**年経《としへ》ぬる身は老《おい》が身の**」のすぐ後、「老い」についてはふれずに、「**これは志賀の神**」と続き、志賀の神は、畏れ多くも神楽の舞を舞ってくれます。神舞《かみまい》といい、テンポも早く若々しい舞です。「**春**

「志賀」　月岡耕漁『能楽図絵』より（シカゴ美術館）

風に神楽の声」という謡の詞章につづけて、「白木綿《しらゆう》」「小忌《おみ》の衣」「白と青の和幣《にぎて》」「梓弓」と神事の装いや神具の名前が挙げられます。

そして、梓弓の次には「梓弓春の山辺を越え来れば道も去りあへず散る花の」と謡われます。これは、紀貫之の春の一首。

梓弓　春の山辺を　こえくれば
道もさりあへず　花ぞちりける
『古今和歌集』（巻第二春下115）

「梓弓」は、「張る（はる）」が、春と同音で、春の季語です。詞書に、「志賀の山ごえに、女のおほ（多）くあ（逢）へりけるに、よ（詠）みてつかはしける」とあります。多くの女性が行き交っている志賀の山越えで、歌を詠んで渡したよ、というシチュエーションで書いた和歌。道も避けきれないほどの桜の花が散っているよ、というのですが、渡した相手は女性だと考えられています。そうすると、この和歌での「花／桜の花」が意味しているのは、その渡した（とされる）相手からの溢れんばかりの艶やかな魅力、ということになるでしょうか。※11

「真名序」でも、和歌は「和夫婦」（夫婦を和ぐる）」とありました。老いはどこへやら。年を重ねる、というより、だれかを好きという気持ちはいつまでも持っていなければ。年を重ねる、というのは、いよいよ命が華やぐ、ということなのでしょう。

こんなふうに、舞台は志賀明神の神舞と、舞い散る山桜の花びらでいっぱいになり、「拍子を揃へて神かぐら。実《げ》に面白き奏《かなで》かな」と、終わります。

❖能の詞章は「半魚文庫」を使用しました。

※10 この句の左註に黒主作ではないかと記されています。

※11 平安時代（九六〇～九六五頃）に書かれた歌物語に、志賀道中で出会うお話があります。共に志賀寺を目指すうち、互いに思いを寄せ、睦まじく語り合うのです。志賀寺参詣は、恋を生み出す空間として描かれています（『平中物語』第25段）。

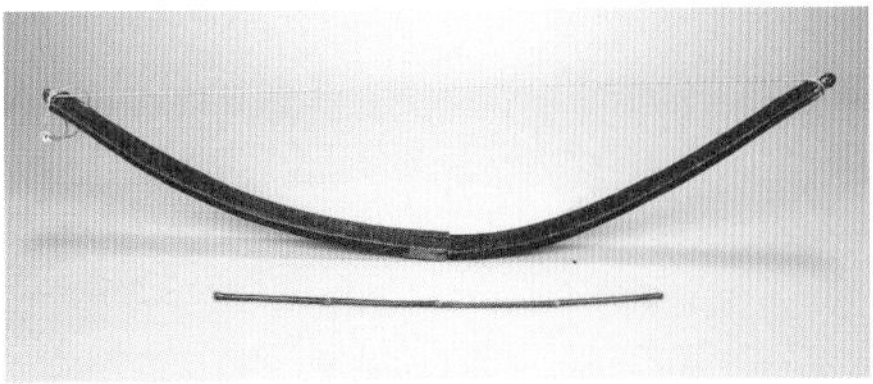

津軽地方で使用されていた梓弓（弦は麻糸と樹皮、棒は竹　国立民族学博物館）

第五章

地主桜——其の一『熊野』

地主桜《じしゅざくら》が咲いている清水寺。『熊野《ゆや》』では、平清盛の三男である平宗盛が、愛妾、熊野を伴って清水寺に花見に出かけます。「熊野松風に米の飯」と言われるように、能の名曲とされています。お米のご飯と同じくらい、「松風」それに「熊野」はだれしものお気に入りです。

まずは、平宗盛（一一四七〜八五）が舞台に登場。愛妾の熊野は、故郷の遠江（静岡）にいる母が病牀にあって、暇乞《いとまご》いを願っています。宗盛もそれは、わかっているのだけれども。

この春ばかりの花見の友と思ひ留《とど》め置きて候。

おもな登場人物
シテ：熊野　（宗盛の愛妾）
ワキ：平宗盛

あらすじ
愛妾の熊野《ゆや》との花見を楽しみにしている平宗盛。ところが、熊野のところには、故郷の母の病状の悪化の知らせが届いていました。それでも花見に出かける二人。清水寺の満開の桜。花見を楽しむも母が気がかりな熊野。そこで、宗盛は……。

場所　清水寺（京都）

せめてこの春の花見だけは、熊野とともに過ごしたいのです。
次に熊野の故郷にいる病身の母親からの手紙を託された従者《メッセンジャー》が登場。そのときの謡の詞章が秀逸です。

夢《ゆめ》の間《ま》惜しき春なれや、咲く頃《ころ》花を尋ねん

桜が咲いている春は、寝ているのも惜しい。だから急いで花の咲く頃に都を訪ねよう、というのです。尋ねる「花」は都のこととも、熊野のこととも考えられますね。用件、つまり、熊野の母の状態が急ぎである、ということを表すのに、「夢の間も惜し」い桜の花盛り、という表現は、美しいやら切ないやら。

従者は熊野に手紙を渡します。その手紙を熊野が読みます。帰りたい熊野。宗盛に再度の暇乞いをするために、宗盛の前で、その手紙を読みます。手紙では、母親は自身を「朽木桜《くちきざくら》」と呼び、「今年ばかりの花をだに、待ちもやせじ（待っていてももう会えないのか）と心弱」く、涙ぐんでばかりいるというのです。これはたまりません。しかし、宗盛は、宗盛で、「この春ばかりの花見の友」って言ったでしょう。「いかで見捨て給ふべき。」私をお見捨てになるなんて、それはないでしょう。これに、熊野は、言葉を返して悪いけれど、と、

花は春あらば今に限るべからず、これはあだなる玉の緒の、長き別れとなりやせん、
桜は、春が来れば、また見ることができるけれど。母の命は、一度切り。「あだなる

玉の緒」というのは儚い命の意味です。さあ「再び毎年何度でも」対「これっきり」。これには宗盛は、そんな心細いことを言っていると滅入ってしまうから、花見で気を晴らそうと、花見車を用意させます。舞台に花見車がやってきます。

清水寺の桜を見に出発。これを描写した詞章が洒落ています。

名も清き、水のまにまに　尋《と》め来《く》れば、川は音羽《おとは》の山桜。

まず、清い水で清水（寺）ですね。水といえば、川。賀茂川でしょうか。川の「音」と「音羽（山）」の「音」をかけています。「音羽山」の「山」と「山桜」の「山」も同じ、掛詞《かけことば》です。能にも、和歌にもよく出てくる言葉の技法ですね。音羽山は清水寺の東にある山の名前。清水寺の正式な名前も音羽山清水寺です。

ここから清水寺までの、道中の景色やお寺や神社、謡で描写されます。巧みな描写が続きます。まずは、桜について。

雲かと見えて八重《やへ》一重《ひとへ》、咲く九重《ここのへ》の花ざかり、名に負ふ春の気色《けしき》かな。

雲に見えるが、八重一重の桜。これは一重の桜もあれば八重桜も咲いている、とも、八重一重という名前の桜、つまり地主桜とも考えられますね。

「熊野」月岡耕漁『能楽図絵』より（シカゴ美術館）

左：「胡蝶」狩野養信『源氏物語図屏風』（東京国立博物館）

地主桜は道中も咲いていたのでしょうか。その後は、洒落た言葉遊びが続きます。1＋8は9ですね。九重というのは、都のこと。昔中国の宮中には九つの門があったことから呼ばれていた名前だそうです。八重一重の桜の花盛り、という名前のとおりの都の春の花盛り、ということですね。

至妙な風景風物の描写の中にも、熊野の、母が心配でたまらない気持ちが湧き出てきます。「六波羅の地蔵堂」を過ぎるときには、こうです。ここには観音様もいらっしゃる。観音様は、私たちを救うために、成仏しないでいらっしゃるのだ。ああどうか、母の命を救ってほしい、母を守ってほしい、と。お花見どころではない心持ち、ですよね。

清水寺の坂の下まで来ると、「経書堂《きょうかくどう》」です。

御法《みのり》の花も開くなり、経書堂はこれかとよ。

「御法の花」というのは『法華経』のこと。花は花でも蓮の花です。桜の花も咲いているが、ありがたい仏様の教えの花も開いている、というわけです。そして「子安の塔」まで来れば、いよいよ到着ですが、子安の塔(子安観音)は、子が「たらちね（親）」を尋ねるところ、と説明します。

ほどなく熊野の一行は花見の場所に到着。花見車から降りると、熊野は「清水《きよみづ》の、仏の御前《おんまへ》に、念誦《ねんじゅ》して、母の祈誓《きせい》を申さん」と即座に御堂に参拝に行きます。念じているも、酒宴が始まっていることを告げられ、熊野

は祈りを切り上げ、

あら面白の花や候《ざうらふ》。今を盛と見えて候ふに、

桜きれいね、満開ね、と明るく宴に加わります。健気にも、みなさん、和歌でも作りましょうか、と言いながら。和歌を作るとは、古典的正統派花見[※1]ですね。

舞台では、さらに仏教のエピソードや教えも織りこみながらの風景風物描写の謡が続きます。熊野の気持ちも滲みでます。桜の部分を取り上げていきましょう。

清水寺《せいすいじ》の鐘の声、祇園精舎《ぎおんしやうじや》をあらはし、諸行無常《しよぎやうむじやう》の声やらん、地主権現《ちしゆごんげん》の花の色、沙羅双樹《しやらそうじゆ》の理《ことわり》なり。

『平家物語』の冒頭が想起されますね。清水寺の鐘の音は、祇園精舎を思わせるのです。まさに「諸行無常の響きあり」です。祇園精舎は、お釈迦様が説法を行ったとされるインド北部の仏教遺跡です。

「地主権現の花」は、第一章でとりあげた地主桜です。清水寺の地主神社[※2]に咲く桜のこと。同じ木から、八重と一重の白い花が咲きます。地主神社は本堂の隣にあります。

この地主桜の白い花の色は、沙羅双樹のよう。白い花の沙羅双樹は、釈迦の涅槃時にそばにあった木です。白い花の色は、釈迦の涅槃を暗示させます。重篤の病牀の母を思う熊野の気持ちを思い計ると、とてもやるせないですね。

※1　古典的正統派花見　↓69頁。

※2　お寺の中の神社（神仏習合）↓69頁。

清水寺の周りの景色も謡われます。清水寺からの道中、それに到着後も、お寺から眺める風景描写のおかげで、私たち観客も、時空を熊野と共有することができます。能楽堂にいながらにして、です。

清水寺の北の方には「祇園林」に「下河原」。祇園林は、今の八坂神社と円山公園のあたり。今も枝垂《しだれ》れ桜をはじめ、桜の名所ですね。下河原は、今は高級料亭の多いところですね。

立ち出《い》でて峯の雲、花やあらぬ初桜《はつざくら》の、祇園林下河原《ぎをんばやししもがわら》。

山に雲が出てきたかと思ったら、いいえ、桜の花が咲き始めたのですよ。祇園林や下河原のあたりでは初桜だわ、と謡います。うつうつとした気持ちは、きっと内側に溢れているのでしょうけれど、美しい桜の景色を一生懸命描き謡う熊野。

さて、清水寺では満開なのに、少し北の八坂神社では初桜。どういうことでしょう。中世の桜事情は図りかねるところですが、花期のずれている桜の種類があり、祇園林地域限定では初桜、ということでしょうか。しかし、清水寺と八坂神社はわずか二キロくらいの距離です。初桜観測の地域というには狭すぎるような。

すると、これは、祇園林に下河原は、初桜が見られる場所、という一般的なガイドブック的な説明、ということでしょうか。あるいは、次のように考えることはできるでしょうか。熊野が、舞台の右脇に座っている宗盛にあてた言葉とみるのです。

宗盛さま、私たち、ご一緒に初桜を見たこともございましたねぇ。祇園林あたりに霞

歌川広重「京都名所・清水」（メトロポリタン美術館）

が立ち、雲かしらと思ったら、初桜でしたねぇ、という思い出語り。そうだとすると、熊野が、宗盛と過ごした、美しい桜の景色を一生懸命描き謡うのは、宗盛への睦まじい気持ちの表れ、とも感じられます。

清水寺の北の次は「南をはるかに眺《なが》めます。「熊野権現《ゆやごんげん》」が祀られている「今熊野《いまぐまの》」。今熊野観音寺《いまくまのかんのんじ》と新熊野《いまくまの》神社とがあります。今熊野は、能楽発祥の地だそうです。そこから少し南に稲荷山。当時から、紅葉がきれいな所だったようです。「稲荷の山の薄紅葉」、秋の紅葉の始まりも、熊野は宗盛とともに眺めたのでしょうか。今は「青かりし葉」も秋になれば、また美しく紅く染まる、と熊野。自然の美しさは年ごとにめぐってくるのですね。母とは、これきりかも、という直線的な時の流れの中で、熊野が心配する一方、円を描くように、くり返し進んでいく時間も、同時に舞台に流れていきます。

秋の紅葉は稲荷山。そしてまた春が来て。桜といえば清水寺、と視点は今いる場所の清水寺に戻ります。ところで、桜の葉も秋には紅く染まり、きれいですよね。通の方は、秋の葉の様子で、次の桜の咲きぐあいがわかるそうですけれど。

また花の春は清水《きよみづ》の、ただ頼め頼もしき、春も千々《ちぢ》の花盛り。※3

ここも、いくつかが掛詞《かけことば》になっています。言葉が重層性を持って展開します。「桜の春といえば、ここ清水寺。清水寺といえば、「ただ頼め（無心におすがりなさい）」と歌にも歌われている、ありがた〜い清水の千手観音さま。頼もしいことである。頼もしいほどの花ざかりの春。桜の花も千差万別たくさんで、千手観音さまの千の御手のように、

※3　次章の『田村』でも、この清水寺の千手観音の御歌が出てきます。

ただ頼め、標茅《しめぢ》が原のさしも草、
　われ世の中に、あらん限りは

あなたがこの世に生きている限りは、とにかく、私、千手観音を信じ、頼り、祈りなさい。標茅が原のさしも草、というのは「さしも」を言いたかったから。「それほどまでに」という意味です。それほどまでに祈っていれば、願いは叶いますよ、というのです。『田村』では、清水寺の花守の童子（後に田村丸に変身）と地謡《じうたい》によって謡われます。

詳しくは『田村』の※2（72頁）をご覧ください。

桜は咲きほこっている。」楽しいし、すごい。すごいし、ありがたいです。

桜の美しさも伝わってきますし、清水寺のご本尊である「十一面千手観世音菩薩」の、私たちが幸せに暮らせるようにという、千手の御手のとりどりのご誓願も伝わってくるわけです。

つづいて、熊野は「山の名の、音羽嵐《おとはあらし》の花の雪」と謡います。

桜で有名なのは、音羽山と嵐山。そして、その桜の花は雪のように散っていくというのです。これに地謡《じうたい》が※4「深き情を人や知る」と続きます。咲き誇る桜の盛り。美しい桜、散り始めている桜もあり、それを見ている熊野の気持ちを、知る人はいるだろうか。う〜ん、私たちには痛いほど伝わりますよね。いじらしいです。そして、熊野は宗盛にお酌をしに。その熊野に宗盛は「いかに熊野、一《ひと》さし、舞ひ候へ」と所望し、熊野は舞を舞い始めます。

さて、この後、どうなるのでしょうか。

熊野が舞い終わると、雨が降り始めるのです。パラパラ雨の「村雨《むらさめ》」です。あらら。「俄《にはか》に村雨のして、花の散り候ふはいかに」と、村雨で花が散りますねと言う熊野に、「げにげに村雨のして花を散り候ふよ」と答える宗盛。これには、舞の途中で雨が降る演出もあります。熊野は散る桜の花を扇で受けます。もちろん、天井から大道具さんが、花びらを散らすわけではありません。私たちの心の目には見えるのです。「降るは涙か桜花《さくらばな》、散るを惜しまぬ人やある」※5と謡われます。……降っているのは、散っていく桜の花を惜しむ涙でしょう。花が散るのを惜しまない人はいないでしょうから。

※4　舞台向かって右横に座す六〜八名の謡担当能楽師。

※5『古今和歌集』に「春さめのふるは涙か桜花散るを惜しまぬ人しなければ」という一首があります（春下88）。『志賀』の主人公、大友黒主《おおとものくろぬし》の作です。

散る桜。涙。熊野の気持ちといったら。

熊野は短冊を袂から取り出し、和歌をしたため、宗盛に渡します。宗盛が、その和歌を読みあげる途中から熊野も、自分の一首を唱和します。

いかにせん、都の春も惜しけれど、馴れし東《あづま》の花や散るらん。

平宗盛もさすがにかわいそうに思ったのでしょう。熊野に、「東に下」る（帰る）ように伝えます。「あらうれしや尊《たふと》やな。これ観音の御利生《ごりしやう》なり。これまでなりや嬉しやな」と、観音様にも感謝しながら、熊野は宗盛のもとを去ります。見送る宗盛。

花を見捨つる雁《かりがね》の、それは越路《こしぢ》、われはまた、東《あづま》に帰る名残《なごり》かな。

雁は、春霞のたつ頃、咲き誇る桜を気にもかけず、北陸に飛び立って行きます。そんな雁のように。私（熊野）は東に向かいます、都が名残りおしいけれども……、と謡い、終わります。きっと、宗盛に心を残しつつも。

『平家物語』巻十「海道下」には、この二人のことが、ほんの数行だけ描かれています。この花見の後に、宗盛には壇ノ浦（一一八五）の運命が待ち受けているのです。

喜多流では、『湯谷』と表記します。野上弥生子は「熊野松風に米の飯」というタイトルで随筆を書いています（一九三六）。『秀吉と利休』の作者です。

❖能の詞章は『新編日本古典文学全集58 謡曲集1』（小山弘志・佐藤健一郎　小学館　一九九七）を使用しました。

牧谿『平沙落雁図』（中国・南宋時代　出光美術館）

帝釈天坐像（東京国立博物館）

インドラ神（大英博物館）

柴又帝釈天（経栄山　題経寺）

1 古典的正統派花見

記録に残る最古の花見と言われているのが、平安時代の嵯峨天皇（八〇九〜八二三）の「花宴《かえん》の節《せち》」です。『日本後紀』によると、「弘仁三年、二月十二日。幸神泉苑。覧花樹。」とあります。神泉苑は、京都市中京区にある、天皇のための遊興庭園だったところ。平安京遷都後に、造られました。嵯峨天皇は、八一二年、神泉苑に行幸し、花咲く木をご覧になったのですね。この花咲く木というのは、どうやら、桜のようです。それが「花宴之節始」。この宴は、格式高く、賦という形式の漢詩などを詠みあったようです。上手な人には綿が贈られました。私たちの時代の半ば無礼講のような花見とは少し違いますね。この花宴の節は、嵯峨朝の弘仁年間、宮中の恒例行事として、盛んに催されたそうです。『源氏物語』の「花宴《はなのえん》」にも、その様子が描かれています。桜の宴の後、光源氏は朧月夜に出会うのですね。弘仁年間では、いろいろ愉しい催しが開かれたようです。八一六（弘仁七）年には相撲の節も行われています。

宴会付きのお花見を描いたものでは、平安時代前期に書かれた歌物語『伊勢物語』がおそらく一番古いのではないかと言われています。

2 神仏習合

地主桜が咲く、地主権現を祀る地主神社は、清水寺にあります。このように、お寺の本堂の横に神さまを祀る祠があるところや、八坂神社のように神社の境内にお寺があるところなどが、ほかにもいろいろあります。東京の浅草寺も、お寺の本堂の横に鳥居と神社があります。

古来、それぞれの土地に根ざした、たくさんの神さまが、日本にはいらしていると考えられてきました。六世紀になると、インドから中国大陸、朝鮮半島を経由して仏教がやってきました。そして、外来の仏教の仏さまと古来の神さまと結びつけて考えるようになりました。こういう考え方を「神仏習合《しんぶつしゅうごう》」と言います。シンクレティズム（syncretism）とも。

この神仏習合の考え方は、日本だけに限った考え方ではありません。もともと、インドでの仏教自体、インド神話やヒンドゥー教、バラモン教との結びつきといえますし。ヒンドゥー教の最強の神さま、インドラが仏教の守護神となった帝釈天のほかにも、お寺の四天王や金剛力士はヒンドゥー教の神さまが、仏教の護法神として取り入れられていますね。中国でも、仏教に儒教や道教が結びついています。東アジアでは、シンクレティズムは得意とするところかもしれません。世界の歴史で宗教戦争など悲惨な出来事が起こっていることを考えると、神仏習合は素晴らしく寛容なことですね。お互いに排除したりせずに、良いところはお互いに取り入れよう、というお互いのおおらかな気持ち。こうした受け入れる寛容さは、能の舞台からも伝わってくるように思います。

第六章

地主桜——其の二『田村』

地主桜《じしゅざくら》が咲いている清水寺。都見物に清水寺へ出かけた僧には、桜の下での出会いが待っていました。

地方から、都を見たいとやってきた僧侶。やってきたるは、頃は弥生の清水寺です。

そこへ、箒を手にした童子が現れ、

おのづから、春の手向《たむけ》となりにけり、地主権現の、花盛り。

まるで、仏陀へのお供えかのように咲いている地主の桜が満開ですね、と話し始めます。さらに続けて、

おもな登場人物
前シテ：桜守の童子
後シテ：田村丸
ワキ：東国からの僧

あらすじ
清水寺の桜を見にやってきた東国の僧に、桜守の童子が、清水寺の地主桜の美しさを話し、清水寺の開創は田村丸のおかげであると告げる。田村丸供養のため、読経する僧たち。桜の下に現れたのは、田村丸。勝戦の様子を語り、千手観音への感謝を伝える。

場所　清水寺（京都）

それ花の名所《などころ》多しといへども、大悲《だいひ》の光色添《ひかりいろそ》ふ故《ゆえ》か、この寺の地主の桜にしくはなし。

観音の慈愛ゆえ、清水寺の地主桜ほど、美しいものはないというのです。「大慈大悲《だいじだいひ》の春の花（仏の深い慈悲の桜）」なのです。なるほど。天皇がこの桜を見るために牛車をひき返させたという逸話の御車返《みくるがえ》しの理由はそういうことでもあったかもしれません。そして、一重と八重がいっしょに咲く地主桜ですから、

見渡せば八重一重、げに九重の春の空、

と、童子は話します。8＋1＝9で、九重というのは都を指すということは、『熊野』でもふれたとおり。楽し美しの言葉遊びです。

東国の僧たちは、この童子に、花守かと話しかけます。童子は、地主権現に仕える者だが、たしかに花守だなあ、と答え、そもそも、と清水寺の由来を話し始めます。大同《だいどう》二（八〇七）年に、「坂の上の田村丸《たむらまる》の御願《ごがん》」によって「御草創《ごそうそう》」されたのです。ご本尊は千手観音。「国土万民《こくどばんみん》」の安泰を「千手《せんじゅ》の御手《みて》のとりどり、さまざま」に、祈ってくれています。童子が、清水寺のまわりにあるお寺も、説明した後、「春宵《しゅんしょう》一刻《いっこく》、直千金《あたひせんきん》、花に清香《せいきょう》、月に陰《かげ》」と、童子と僧たち。春のまさに、今この時は、千金に値すると、蘇東坡の「春夜」※1という七言絶句《しちごんぜっく》を、ともに誦《そらん》じながら、春の一刻を、愛おしみます。

※1「春夜《しゅんや》」蘇軾《そしょく》

春宵一刻値千金
花有清香月有陰
歌管楼台声細細
鞦韆院落夜沈沈

しゅんしょういっこく　あたいせんきん
花にせいこうあり　月にかげあり
かかん（楽器演奏した）ろうだい
こえさいさい
しゅうせん（ブランコ）いんらく（中庭）
よるちんちん

この句の冒頭の一節は、この『田村』のほかにも『西行桜』（第八章）や『雲林院』（第十三章）、『小塩』（第十四章）、『泰山府君』（第十五章）に引用されています。春の宵のひと時は、千枚の黄金の価値。今この時を大切にし、慈しまなくては。

蘇軾（一〇三六～一一〇一）は、北宋の文人。またの名を蘇東坡《そとうば》。豚バラの甘辛煮「東坡肉《トンポーロウ》」の考案者です。この料理の詩も作っています。

童子は地主の桜の美しさを語り続けます。

　あらあら面白の地主の花の景色やな。桜の木《こ》の間《ま》に漏《も》る月の、雪もふる夜嵐《よあらし》の、誘ふ花とつれて散るや心なるらん。

桜の梢から漏れてくる月の光も、素晴らしいし。雪のように、花びらが散る様子も。そんな舞い散る花びらを見ても、自分たちの心も浮き立つようだ、というのです。そしてなんと言っても、

　地主権現の花の色も殊《こと》なり。

地主桜の花の色は、格別の美しさ。これは『熊野』では沙羅双樹の花の色と比べられて、切なかったことに比べると、ここでは、春の艶やかさが、引き立ちます。そして、童子は、『熊野』でも触れられた清水寺の千手観音の御歌を引き合いに出します。

　ただ頼め、標茅《しめぢ》が原のさしもぐさ、われ世の中に、あらん限りはの御誓願、※2

「さしも」というのは、古語で、「そんなにも」の意味。「標茅《しめぢ》が原の」というのは「さしも」の掛詞になっています。とにかく、観音の力を信じて、お縋りなさい、というのですね。

※2『新古今和歌集』には、「なほ頼めしめぢが原のさしもぐさ　われ世の中にあらむ限りは」（巻二十釈教歌）という一首が載せられており、「きよ水観音御歌となむいひつたへる（清水寺の観音の御歌と言い伝えられている）」と詞書《ことばがき》にあります。

鎌倉時代の仏教説話集『沙石集』には、「ただ頼め～」と始まる、『田村』と同様の和歌があります。

江戸時代には、おみくじに載せる和歌を集めた『天満宮六十四首歌占御鬮抄《てんまんぐうろくじゅうししゅうたうらみくじしょう》』が作られ、そこにもこの和歌（二四一番大吉）が載せられています。

そして、観音の「御誓願」のとおり、「げにも枯れたる木なりとも、花桜木《さくらぎ》のよそほひ」、枯れ木に花も咲いてしまう、のですと話します。実際に、桜守の方や庭師さん、樹木医さんのおかげで、それに近いことは、きっとあるでしょうね。そして、

天も花に酔へりや、面白の春べや、あら面白の春べや。

と、童子。花の色が映えた空は、まるで酔ったかのように霞んでいる、と。「天、花に酔へり」は、菅原道真の漢詩の一節です。※3

どうも、童子は、ただ者ではなさそうな。清水寺の由来やその周りのことに、やたらと詳しいし。菅原道真や蘇東坡《そとうば》の漢詩の一節も、誦んじるし。

東国の僧が、童子に尋ねてみると、自分がどこに帰っていくかをご覧になっていてください、という返事。そして舞台から去ります。童子が消えていった先は、清水寺の境内にある田村堂。清水寺の草創を坂上田村麻呂に勧めた行叡居士《ぎょうえいこじ》と坂上田村麻呂らが、祀られている堂です。これはビッグ・ヒント。

童子が舞台からいなくなり、参詣人がやってきて、僧たちに田村丸の供養を勧めます。そこで、読経を始める僧たち。

夜もすがら、散るや桜の蔭《かげ》に寝て、花も妙《たへ》なる法《のり》の場《には》、迷はぬ月の夜とともに、この御経《おんきょう》を読誦《どくじゅ》する。

※3『和漢朗詠集』菅原道真の漢詩に「天酔于花　（天花に酔へり）」という一節があります（「花時天似酔序」）。道真の漢詩では、空が酔っ払っているように咲いているのは、桜ではなく、中国風に、桃李（ももとすもも）の花です。

「法《のり》」というのは、仏教の真理。明るい月夜ですから、迷うこともないですね。さて、ここで唱えられているお経は、なんでしょうか。「花も妙なる法」がヒントです。花は花でも、ここでは桜ではなく蓮華《れんげ》です。そうです、妙法蓮華経。『法華経』ですね。

さて、『田村』での桜の描写はここまで。僧たちが読経《どきょう》をしていると、現れたるは、勇ましい武将を表す面《おもて》をかけ、太刀を腰に穿《は》き、鉢巻をして烏帽子を被ったいでたちの人物。そのまず第一声は「あらありがたの御経《おんきょう》やな」と。旅の僧に、読経をしてもらえたこと、「これぞすなはち大慈大悲《だいじだいひ》の、観音擁護《かんのんおうご》の結縁《けちえん》なる」と話します。観音さまのおかげです。それと桜の艶やかさに誘われた、ということもあるかもしれませんね、きっと。

僧は思わず、

不思議やな花の光にかかやきて、男体《なんたい》の人の見え給ふは、いかなる人にてましますぞ。

と尋ねると、男は、「坂の上の田村丸」と自己紹介します。これは、時空が歪んだのか。先ほどまで、清水寺誕生の恩人であると話題になっていた、田村丸の登場です。平安初期の武将の坂上田村麻呂（七五八

「田村」　月岡耕漁『能楽百番』より（シカゴ美術館）

※4　天皇の意向の下達。

〜八一一）のことでしょう。つまりは、亡霊ということでしょう。田村丸が生きていた時の数々の業績も、「仏力《ぶつりき》」であると話し始めます。

たとえば、伊勢国の鈴鹿山で、宣旨《せんじ》※4に従い、通行人を苦しめていた悪魔を鎮めたことを話します。そしてそれは、土にも木にも神が宿る「神国《しんこく》」であるので「神力《しんりき》」が、もとからあるところに観音の「仏力《ぶつりき》」も、加わったおかげだというのです。

鈴鹿に行くと、おそろしや。「山河《さんか》を動かす鬼神《きじん》の声」が、「天に響き地に満ちて」います。

そこへ「あれを見よ不思議やな」。千手観音が現れます。千手観音は「光を放って虚《こ》空《くう》に飛行《ひぎょう》し」ます。その千手観音は「千《せん》の御手《みて》ごとに大悲《だいひ》の弓」をもち、それに「智恵《ちえ》の矢」がかけられています。それを放つと「千の矢先《やさき》」が、鬼神に「雨霰《あめあられ》と降りかか」るのです。すごい。映画かアニメのようなシーンです。が、しかし。よ〜く考えてみると。片手は弓、もう一方の手は矢ですよね、ということは、放つ矢の数は五百のはず。

江戸の人たちは謡曲が好きだったようで、このことは川柳にもなっています。※5 きちんとオチがついていて、だから、最初に「ふしぎやな」って言ったでしょ、って（笑です）。

桜で始まった『田村』は、めでたく格好よく「これ観音の仏力《ぶつりき》なり」と、千手観音で終わります。

❖能の詞章は『新編日本古典文学全集58 謡曲集1』（小山弘志・佐藤健一郎　小学館　一九九七）を使用しました。

※5　イラスト入り川柳の『画本柳樽《えほんやなぎだる》』には、次のような川柳があります。

千の矢に　五百鉄砲　鈴鹿山

「鉄砲」というのは「ほら（うそ）」の意味です。ほらだ、なんてはっきり言いますよね。

鈴鹿山　ほかの観音　ではいけず

ほかの観音さまには、千も手がありませんから。

大悲の矢　五百本ほど　掛値《かけね》なり

「掛値」というのは、値切られることを前提に、高めの金額をふっかけることです。

江戸の人たちに、能の『田村』がいかに愛されていたかがよくわかりますね。

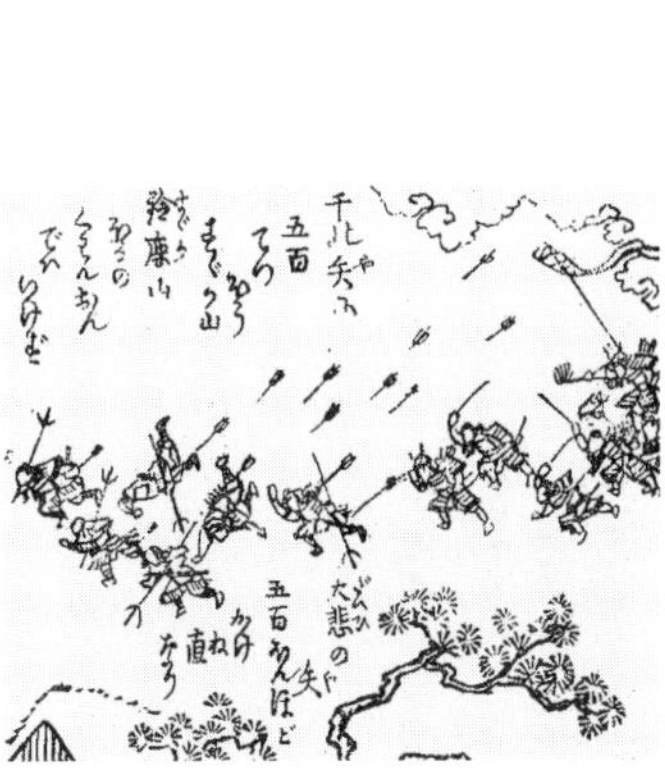

第七章

雲珠桜『鞍馬天狗』

鞍馬山の雲珠桜《うずざくら》。『鞍馬天狗』では、鞍馬寺の僧が稚児をたくさん連れて花見に来る華やかな花見の場面から始まります。花見に受け入れてもらえない山伏。花見の群衆から取り残されたひとりの稚児。さて、桜の下、どんなことが……。

まずは、山伏が登場します。実は、これは鞍馬山の奥の僧正が谷に住む大天狗《だいてんぐ》。山伏の格好をして満開の桜の様子、花見の様子を見に来たのです。

そこへ次にやってくるのは、鞍馬の西谷の寺の使い。東谷の寺の僧へ「毎年花見」の誘いを届けるところです。「当年は一段と見事」に咲いているとのこと。私たち観客の想像力で舞台中が桜で咲き誇りますね。山桜に雲珠桜ですね。この間、西谷の使いは山伏には気づきません。山伏は観客から見て舞台の左後方で後ろを向いて座っています。

おもな登場人物
前シテ：山伏
後シテ：大天狗（鞍馬山僧正坊）
子方：牛若丸
ワキほか：鞍馬山東谷の僧や稚児たち

あらすじ
鞍馬山にはたくさんの花見客。鞍馬天狗も山伏の格好で花見に出かけますが、他の花見客から疎んじられてしまいます。しかし、そこにはひとりぼっちの少年がいました。遮那王（牛若丸／義経）です。鞍馬天狗は、天狗であることを明かし、兵法を教えます。

場所　鞍馬寺（京都）

これは、私たちからは見えますが、ストーリー上は見えないところにいる、という能舞台の約束事のひとつです。

舞台には、花見に来た東谷の寺の稚児[※1]がぞろぞろ登場。いたいけだし、華やかです。最後尾には東谷の僧。橋掛の三の松[※2]あたりで便りを受け取り、読み上げます。

今日見ずは悔しからまし花盛り、咲きも残らず散りも始めず。

このしゃれた便りの前半部分は「けふ来ずはあすは雪とぞ降りなまし消えずはありと花と見ましや[※3]」という和歌の引用です。今日をのがすと、悔しいよ。というのも、後半部の「咲きも残らず散りも始めず」なので。鞍馬山の桜は残らず咲いて、散り始めもしない、というのです。絶賛満開中。なんというベストタイミングでしょうか。『小塩』でも大原野の桜に「散りもせず。咲きも残らぬ花ざかり」という表現が使われています。誘われなくても、行きましたよ〜、と東谷の寺の僧。地謡《じうたい》[※4]によって、次の謡が続きます。

花咲かば、告げんと言ひし山里の、使は来たり馬に鞍、鞍馬の山の雲珠桜《うずざくら》、手折《ており》枝折《しおり》をしるべにて、奥も迷はじ咲き続く、木蔭に並《な》み居《い》て、いざいざ花を眺めん。

第一章の「雲珠桜」の項で、お花見で謡えるようになりたい一節《ひとふし》として、紹介いたしました。

「桜の花が咲いたら教えてくれるという使いが来たよ。鞍馬山の雲珠桜を見に行こう。

※1 稚児は、子どもという意味ですが、神社や地域の神事に参加する男女児のことを指すこともあります。子どもを清いものと考えるのですね。また、公家は平安時代から、武士社会になってからは武家も、教育や行儀見習いのために、子弟を寺院に預けました。聡明で芸道の才能がありそうな少年を世話係として、寺院が引き受ける場合もありました。そういった少年も稚児と呼ばれます。牛若丸の生涯の相棒であった武蔵坊弁慶も、荒くれ少年だったので、比叡山延暦寺に稚児として預けられたそうです（『義経記』）。

※2 三の松　→158頁を参照。

※3 平安のモテ男子、在原業平（八二五〜八八〇）の和歌です（『古今和歌集』巻一春歌上63／『伊勢物語』十七段）。「めったにいらっしゃらない業平さんですが、桜はちゃんと待っていましたよ」という問いかけの和歌に、「今日来なかったら、明日は雪のように散っているところでしたね。雪のように消えずにいても、散ってしまったら花と見られるでしょうかね。」と、答えた一首です。
稀代のプレイボーイ在原業平は、『雲林院』（第十三章）、『小塩』（第十四章）に登場します。

※4 舞台向かって右横に座す謡の担当数名。

山深いところだから、道々、折られた枝を道標《みちしるべ》にして。桜は山の奥まで、ずうっと咲き続いている桜の木陰に並んで座り、桜を眺めよう。」まさしく、現代風お花見と同じですね。この謡で、「**鞍馬の山の雲珠桜**」の「**う・ず・ざ・く・ら・あぁ**」と謡う節回し（メロディ）がなんともチャーミングで、桜の花を思わせるほどです。能楽堂にいらしたら、聞き耳を立てていてください。あるいは、お稽古にしばらく通ってみましょうか（ネットで動画検索、という方法もありますが……）。

花見のご一行は舞台へ。パーティ・オン！　子どもたちもいるので小舞が披露されます。そうこうするうちに、みなさん、山伏に気づきます。たとえば、狂言の『花盗人』では、無断で寺に入ってきた人に、「**愚僧も花好きそなたも花好**」き、「**盃を持て来い**」となります。桜の下では知らない人でも桜ともだち、お酒を酌み交わします。それはそれで、やんややんや、てんやわんや、やるまいぞ、となり可笑しいのですが、ここでは、どうでしょうか。山伏さん、どうぞ、こちらへ、となるでしょうか。いいえ。どうぞ、どうも、となってしまうと、お能のお話しは、続かなくなってしまいます。お能では、山伏は「**狼藉《らうぜき》なる者**」と名指されます。追い払うよりは、自分たちが去ろう、大切な子どもたちもいることだし。別の日に来ることにしよう、と寺の僧は子どもたちを連れて帰ってしまいます。ひどくないですか。稚児たちは、全員退去でなく、ひとり残ります。先頭で舞台に入ってきた稚児です。

舞台が静かになり、山伏と、この稚児のやりとりが、謡で進みます。まず山伏は白居易（白楽天）の漢詩を「**はるかに人家を見て花あれば便ち入る、論ぜず貴賤と親疎と**」※5

※5 白居易（白楽天）の「尋春題諸家園林（春の題を諸家の園林に尋ねる）」という漢詩の第三句、第四句からの引用です。『和漢朗詠集』の春の部の花の項に第三、四句が載せられていますが、前半部分もなかなか魅力的です。

「貌随年老欲何如（貌《かお》は年に随いて老いるも何如《いかに》せん）／興遇春牽尚有余（興は春に遇《あ》いて牽《ひ》かれて尚余り有り）／遥見人家花便入（遥かに人家《じんか》を見て花あれば便《すなわち》入《い》る）／不論貴賤与親疎（貴賤と親疎を論ぜず）」（『白氏文集』巻六十六）

「容貌に老いが出てくるのは仕方ない。楽しもうという気持ちは春になれば倍増。遠くに人家を眺め、花が咲いていたら、すぐ、出向く。地位が高いとか低いとか、親しいとか親しくないとかは、気にしない。」

『右近』（第十章）、『雲林院』（第十三章）にも、使われています。

と引用。桜が咲いたら、身分のちがいとか、知り合いかどうか、ということは関係なく、桜をともに楽しむのが**「春の習ひ」**のはずなのに。

それに、鞍馬寺は大悲（慈愛の深い）多聞天のお寺なのに。慈悲のない人たちだ、と言えば、稚児も、まったくそのとおり、**「花の下《もと》の半日《はんじつ》の客、月の前の一夜《いちや》の友**※6（桜の下で半日のみ、月夜に一夜だけをともにすごす）」としても、それでも親しくするのに、と『平家物語』を引用しながら答えます。

そして、**「あら痛はしや、近う寄りて花御覧候へ」**と稚児の優しい言葉。これに山伏は、ぐっときたのでしょう。

音《ね》にだに立てぬ深山桜《みやまざくら》を、御訪《おんとむらい》のありがたさよ、

「人に知られず、ひっそりくらしている身」の「み」と「みやまざくら」を掛けています。こういった掛詞は、能の詞章によく出てきます。平安の和歌でもよく使われていた言葉遊びですね。スマホなどない時代ですから、言葉で遊ばないと。深山桜も山深いところで、人知れず咲いている桜、そんな桜みたいな私。うまくはまりましたね。

そんな私に優しい言葉をかけてくれてありがたい、と。さて、ふたりのこれから。

山伏は、この稚児を垣根の梅にたとえます。そして、**「恋草の老いをな隔てそ」**。恋心をもつ年寄りを疎んじてくれるな、と。おやおや。見目も麗しく、心根もよい少年の優しい言葉。しかも、辛いことがあったばかりですから。それはねぇ。切ない気持ちをこんなふうに続けます。**「花に三春の約あり**（花や桜は毎年きまって咲く）」。けれども、人間は、

※6『吉野天人』（第二章）でも天女が引用。『平家物語』（巻三　少将都帰）に「花の下の半日の客、月の前の一夜の友、旅人が一村雨の過ぎゆくに、一樹の蔭に立ち寄りて、別るる名残も惜しきぞかし」。

一夜《ひとよ》をともに過ごしたからといっても、その後の気持ちは、どうなるかわからないものだ。わかっているけれど、「恋は増さらん（恋しさは募る）」。悔しいことだ、と言うのです。

山伏は、つづけて、ほかの稚児たちは帰ったのに、どうして、ひとりでここにいるのか、とその稚児に尋ねます。あの子たちは平家の一門だから、大事にされているのだけれど、自分は「月にも花にも捨てられ」ているのだと、残された稚児が答えます。ということは、御身は皇胤である源氏のご子息の「沙那王《しゃなおう》※7」であらせられますな、と山伏。沙那王は源義経※8の稚児名。生まれた時の名前は牛若丸です。

そういった境遇と処世術を山深いところの桜にたとえます。

見る人もなき山里の桜花。よその散りなん後《のち》にこそ、咲かばさくべきに、あら痛はしの御事や。

山奥の桜は、見に訪れる人もいないから、ほかの桜が散ってしまった後に咲けばよいのだ。それにしても、かわいそうに。遮那王も山伏のことを「あら痛はしや」と言っていましたね。痛わしい者同士です。山伏はつづけて、

奥は鞍馬の山道の、花ぞしるべなる、こなたへ入らせ給へや。

ここも、山奥は暗いの「くら」と鞍馬の「くら」を掛けています。山奥は暗い鞍馬山では、桜が道標《みちしるべ》だ、というのですね。暗いとき、つらいときでも、桜は道を示してくれ

※7 沙那王（遮那王）は、仏教の毘盧遮那仏《びるしゃなぶつ》からの名前でしょう。あまねく全宇宙を照らす仏さまです。光明遍照と和訳されます。牛若丸は、十一歳で鞍馬寺に預けられ、沙那王という稚児名になったと『義経記』にあります。

※8 義経が登場する能は、ほかにもたくさんあります。シテ（主役）で登場するのは、『八島（屋島）』です。シテでなく登場する能は、『安宅《あたけ》』（歌舞伎の『勧進帳』の元となりました）『船弁慶』『橋弁慶』『烏帽子折』『正尊《しょうぞん》』が主だったところです。

る、ということでしょうか。山伏は、沙那王にこちらにいらっしゃい、と声をかけ、桜を見にあちこちへ連れていってあげるのです。

さてもこのほどお供して、見せ申しつる名所《などころ》の、ある時は、愛宕高雄の初桜、比良や横川の遅桜、吉野初瀬の名所を、見残す方《かた》もあらばこそ。

地謡が謡います。見残した桜がないくらい、本当にあちこちに行ったのですね。比叡山から京都、奈良ですよ。山伏ですし、何と言っても実の姿は天狗※9ですから、沙那王を抱え、飛んでいったのでしょうね。お名前を教えてほしいと沙那王に問われ、「今は何をか包むべき、われこの山に年経たる、大天狗はわれなり」と。そして、「兵法《ひやうほふ》の大事を伝え」るので「平家を亡ぼし」なさい。明日会いましょう、と言って、「大僧正が谷※10を分けて」沸き立つ「雲を踏んで飛んで」行ってしまいます。沙那王もつづけて、退場し、前半（前場《まえば》）が終わります。

囃子が奏され、木の葉天狗と呼ばれる小天狗が出てきます。狂言方が務める間狂言です。小天狗が伝えてくれるには。沙那王は源義経（牛若丸）であること。大天狗と沙那王がふたり残った花見のいきさつ。沙那王に「ここかしこの桜」を見せ、兵法を教え、「木《こ》の葉《は》隠《がく》れ、沆瀣《こうがい》隠れ、霧の印※11」という「大事」まで、大天狗が伝えたこと（奥義ですから教える場面は見せないのですね、オツですね。）。

この報告で終わるときもあれば、小天狗の人数によっては、小天狗同士で、沙那王の

※9 天狗　→85頁。

※10 鞍馬山と貴船の間の僧正が谷でしょう。

※11 小学校の遠足などで「木の葉隠れ」などと叫びながら木の葉を撒き散らして遊び、先生から叱られませんでしたか。「沆瀣《こうがい》」というのは、海辺の空気や霧のこと。「霧の印」は霧を起こし、目くらましさせる忍術ですね。さすがに小学生では無理ですね。

相手を努めるために稽古を始めるという場合もあります。舞も見せてくれます。小天狗が退場して、いよいよ後半部（後場《のちば》）です。

沙那王登場。鉢巻もして長い刀も持ち、見るからに立派な出立ちです。「桜」色の着物を着て、天魔鬼神でも、こうまで華やかではあるまい、と紹介します。ここで謡われる詞章は、「**たとえば天魔鬼神《てんまきじん》なりとも、さこそ嵐の山桜**」です。あれ、嵐山の山桜がここに。「さこそあらじ（そこまではあるまい）」であるところを「さこそあらしの山桜」と続けてしまうのです。これも、掛け言葉です。高等な言葉遊びですね。これは江戸文学になると「その手は桑名の焼き蛤（その手はくわない）」、「恐れ入谷の鬼子母神（恐れ入ります）」（十返舎一句『東海道中膝栗毛』など）、など、美しくはないけれど楽しいものがたくさん。これは昭和の「あたり前田のクラッカー」「冗談はよしこさん」などの言葉の可笑しさにつづく系譜でしょうか。令和では、と考えると、言葉遊びの美と粋は室町がピークだったのでしょうか。

さて、この『鞍馬天狗』では、これが「桜」のでてくる最後です。桜だらけの柔らかな前半部とうってかわって、後半は剛の印象です。お稽古でも、前半は軽めに、後半はどっしりと謡いなさい、と教わります。

沙那王に続き、大天狗《だいてんぐ》の登場です。面《おもて》は、鬼神を表わす大癋見《おおべしみ》。眉をしかめ、口をへの字にし、固く閉じています。腰には、羽団扇をさしています。通常の演能では、大天狗の髪の色は赤い（赤頭《あかがしら》）ですが、「白頭《しろがしら》」とサブタイトル（小書《こが》き）がつくと、大天狗の頭が白くなり、演出も少し荘厳になるそうです。さらに、宝生流では、もうひとつ別の演出があります。「白頭　別習《べつならい》」という小書きです。通常では謡で紹介されるだけの天狗たちが、実際に舞台に登場するのです。こちらはすごい。天狗が七人のことが多いそうですが、八人のときもあります。壮観そのもの。

　地謡と大天狗で、名だたる天狗たちを紹介します。どの天狗も江戸時代中期に書かれた密教系の祈禱秘経『天狗経』に登場する天狗。山が名前についている天狗が多いです。修験場となっている山もありますし、なかには権現さまとして祀られている天狗もいます。沙那王とふたりで花見に行った、初桜の愛宕高雄や、遅桜の比良や横川の天狗も紹介されます。そして、最後に鞍馬の大天狗の自己紹介。「鞍馬の僧正」です。

　まさしく凛として剛毅ですが、前場で、山伏姿で恋心を述べていたことを知っている私たちは、剛の中にも、まるで柔らかな色気が隠れているかのようにも感じられます。そして隠れている柔らかさゆえに、剛毅さがとても引き立ち、強さがいっそう感じられます。

　錚々たる天狗たちの紹介の後、大天狗は沙那王に小天狗との稽古について尋ねます。怪我をさせては、大天狗も気分がよくないだろうと本気を出せなかった、と答える沙那王。つまり、そのくらい武芸が上達したのですね。大天狗は、自分を気遣ってくれて、いとしいこと、と言って羽団扇であおぎます。そして、中国の漢の武将、張良《ちょうりょう》が兵法奥義の伝授を受ける話をします。この漢の武将の話は、能でも『張良』という演目になっています。

※12 日陰で元気に育つ低木、八手《ヤツデ》は、別名、テングノウチワ。葉の形がそっくりです。天狗の団扇のように、家を守ってくれると考えられ、家の庭にも植えられたそうですが、これは、あながち迷信でもないそうです。ヤツデは防火力に優れているそうなのです。

大天狗は、この兵法の奥義を伝えたという話と同じように、沙那王にも「大事を残さず伝え」た、「これまでなりや」と告げ、「おいとま申」すと一礼。沙那王は袂にすがって引き留めますが、大天狗は「頼めや頼め（ずーっと見守っていますよ）」と言って、夕影の鞍馬山の木々の梢に飛びかかって、「失せにけり」と終わります。

大天狗の持つ羽団扇のかっこよいこと。本物のイヌワシの羽根で作られているそうです。森の王者イヌワシ、またの名をゴールデンイーグル。夫婦で子育てをして、桜の咲く頃、雛が孵ります。きっと昔は、山道を歩いていて、かっこいい羽根を見つけては、舞台で使おうと大事に持って帰ったのでは、と想像します。同じような羽根を集めて、羽団扇を作っていたのでしょう。今、イヌワシは、絶滅危惧種になってしまいました。羽根がもう手に入らないので、もう修復ができない道具だそうです。芸術って、エアコンの利いた室内で鑑賞できるので、自然環境から隔絶されていると思ってしまいますが、自然ととても近いところにあるのですね。[※12]

❖能の詞章は『日本古典文学全集34 謡曲集2』（小山弘志・佐藤喜久雄・佐藤健一郎 小学館 一九八二）を使用しました。

「鞍馬天狗」 月岡耕漁『能楽百番』より

能面　大癋見
（室町時代　東京国立博物館）

✲9 天狗

仏教伝来当初の日本は、崇仏派と廃仏派の争いがあったようですが、それ以降は、神さまと仏さまはずっと仲が良かったのです。山を神さまが宿る場所、あるいは、山は仏の教えを覚る場所として、神仏習合の山岳信仰も生まれました。そんな中で、天狗も山の神さまのように考えられるようになりました。山岳宗教の修験道の山伏とも、イメージを重ねて考えられることもあります（宮本袈裟雄『天狗と修験者 山岳信仰とその周辺』一九八九）。能では、『鞍馬天狗』とちがい、天狗は僧に負けることが多いです。

鎌倉時代の絵巻物に『天狗草紙絵巻』があります。天狗が登場するのですが、これは、本来あるべき姿を忘れ、遊んでいる当時の僧侶を天狗として描いて、風刺したものです。女性に見とれていたり、稚児《ちご》の着替えを覗いてみたり。そんな姿を描きながらも、稚児たちが舞っているところに咲いている満開の桜の美しさ、といったら。

『天狗草子絵巻』「醍醐桜會」（鎌倉時代　東京国立博物館）

第八章

桜狩に行き――其の一『西行桜』

桜狩《さくらがり》は、美しい桜を求めて、どこへでも。名だたる桜が咲く西行法師の京都西山の庵室にも、桜狩の人々がやってきます。桜を愛してやまない歌人の西行法師。しかし、静かに考えを巡らせていたい。そこで一句。

おもな登場人物
シテ：桜の古木の精
ワキ：西行上人
　　　桜狩の人々
　　　寺男

あらすじ
桜を心から愛する歌人の西行法師。その住居の庵室には、美しい桜が咲き、それを目当てにやってくる桜狩の人々。喧騒が苦手な西行は、思わず「桜のせいで」と口にしてしまいました。そこへ「いやいや、桜の咎《とが》ではあるまい」とやってきたのは……。

場所　京都西山の西行の庵室
（花の寺：勝持寺か）

舞台には、上に桜の枝が挿された山の作り物。緑色の布（引廻《ひきまわし》）で覆われています。舞台の後ろの真ん中に、西行法師（一一一八～九〇）が登場。寺男を呼び出し、自分の庵室は、今年は花見禁制にすると伝え、舞台の右に座ります。寺男もその後ろに座ります。

そこへ、「頃待ち得たる桜狩、山路の春に急がん」と、下京からやってきた人たち。春になればここかしこと花を眺め暮らしている、地元京都の桜マニア。

昨日は東山地主の桜を一見《いっけん》仕りて候。今日はまた西山西行の庵室《あんじつ》の花、盛なるよし承り及び候ふほどに、花見の人々を伴ひ、ただいま西山西行の庵室へと急ぎ候。

昨日は東山の地主桜。今日の予定は西山。嵯峨野にある西行の庵室の桜。今を盛りに咲いていると聞いたので、花見の友を誘って急ぐところです。しかし、はて。西行は花見禁止を決めましたよね。

そんなことを知らない桜マニアたちは道中の桜を楽しみながら、

やよ留《とど》まりて花の友、知るも知らぬももろともに、誰も花なる心かな、誰も花なる心かな。

友だろうが知らない人だろうが、桜は一緒に楽しんで、みんなでウキウキだ、などと。そうこう言っているうち、西行の庵室の入り口に到着です。桜マニアはさっそく橋掛から、舞台にいる寺男に案内を請います。

寺男は、実は、庵室内の花見は禁じるようにと言われているのだが、機嫌を伺って、聞いてみる、という親切な対応。どうなりますやら。花見客は橋掛《はしがかり》※1で待ちます。

寺男が見に行くと、西行は、ひとりごとのように「それ春の花は上求本来《じょうぐほんらい》の梢《こずえ》にあらはれ」と謡っています。

「上求本来」というのは、上に向かって「本来」を求めるのですね。「本来」というのは、悟りの境地のこと。「菩提」とも表されます。『摩訶止観《まかしかん》』※2に、悟りを求める人にとっ

※1 橋掛　→158頁、161頁を参照。

※2『摩訶止観』は中国の隋の時代の十巻からなる仏教書。天台大師智顗(五三八〜五九七)の講義を弟子の章安灌頂がまとめたもので、『法華経』を、修行や坐禅の実践から、解釈したものと考えられます。

日本で「上求菩提・下化衆生」について書かれているものに、『往生要集』(九八五)があげられます。平安時代の天台宗の僧、源信僧都(「恵心僧都」とも。九四二〜一〇一七)の主著です。時の権力者、藤原道長が帰依。浄土真宗の親鸞にも大きな影響を与えました。芥川龍之介の『地獄編』や紫式部の『源氏物語』で「横川《よかわ》の僧都」として登場しています。

「西行桜」 月岡耕漁『能楽図絵』より（シカゴ美術館）

京都西山・勝持寺の桜

て、あるいは、坐禅を行う人にとって、「上求」は大切な心構えであるとあります。その心構えが、梢に咲く花に現れている、と西行は謡うのです。

『摩訶止観』では、「上求」によって、自分自身が高みを目指すことは大切だが、同様に、「下化《げけ》」も必要と説かれています。つまり、迷っている人々、苦しんでいる人々や全ての生きものを、すくいあげてあげることです。「上求菩提《じょうぐぼだい》・下化衆生《げけしゅじょう》」は、お寺の講話でも聞かれるフレーズですね。

西行は続けて「秋の月下化冥暗《げけめいあん》の水に宿る」と謡います。秋の月は水辺に姿を映し、暗闇にいる人たち、生きもの、を救ってくれる、というのですね。つまり、桜や月など、私たちのまわりの自然には、すでに仏性があり、私たちに仏の教えを伝えてくれる、というのです。

つまり、

草木国土《そうもくこくど》。おのづから、見仏聞法《けんぶつもんぼふ》の。結縁《けちえん》たり。※3

というわけです。草木国土は、目のあたりに仏の姿を見て、その教えを聞いていて、仏法と縁を結んでいる、と西行は謡うのです。

西行にとっては、桜がとりわけ「あら面白や候」です。さて、西行のゴキゲンは上々と見た寺男は、花見客の訪問を伝えます。西行は、花盛りの都ではなしに、こんな庵室にわざわざよく来てくれたのだから、戸を開けて見せてあげなさい、と、花見客のために柴垣の戸を開かせ、花見客を招きいれます。

※3『涅槃経』に見られるように、もともとのインドの大乗仏教では心あるものが成仏できる、とされていました。それが、中国に渡り、草や木、さらには土、石といったものまで成仏をはたすことができる、と考えられるようになりました。平安時代には、この考え方が日本にもやってきています。おそらく『中陰経』などの影響だと考えられています。

　この「草木国土悉皆成仏《そうもくこくどしつかいじょうぶつ》（草や木や自然には仏性があり、成仏する）」という表現は、いろいろな能で登場します。すべてのものに仏性がある、という大乗仏教の教えを室町の人々の人口に膾炙されていくのに、能はどんなに役だったことか。

客の一行は「桜花《さくらばな》咲きにけらしな　足引《あしびき》の、山の峡《かひ》より……」と、紀貫之の桜の和歌を謡いながら舞台（西行の庵室）にはいってきます。舞台がにぎやかになります。

紀貫之の和歌は、「山の峡《かひ》より」の後、最後は、「見ゆる白雲」となります。「桜花咲きにけらしな　あしひきの　山の峡《かひ》より　見ゆる白雲」（『古今集』春上59）です。桜の花が咲いたらしい。山あいに白雲のように見えている。というのです。

客は、これにアレンジを加え、「山の峡より見えしまま」として、続けて、「この木《と》の本に立ち寄れば……」と謡います。山あいに見えていた、噂に聞いた西行庵の桜のところにやってきてみれば……、というのですね。

これに西行は、同じ桜の下ですが、私の気持ちは、少しちがいますよ。「飛花落葉《ひくわらくよふ》を観じつつ、独《ひと》り心を澄ますところに……」と言ってみます。これに、客は「貴賤群集《きせんくんじゅ》のいろいろに、心の花も盛んにて（桜には、貴賤の別なく集い、それぞれに風雅な気持ちを持って）」と応じます。しかし、西行はあくまで「上求」のみにこだわっていて、おそらく、「下化」とも考えられる客たちとは、話がかみあいません。そして西行は思わず、「こんなところまで来てくださって、ひたむきな気持ちはありがたいことだ。そうなんだけれど」と。浮世を捨てて暮らしているので、自分の友は桜の木だけ「花ひとりなる」なんだ、その桜をだれかとともに楽しむなんて、「心の外《ほか》」なんだ、と言います。西行さん、「下化衆生」はどうしました、と聞いてみたいところですが。

花見んと、群れつつ人の来るのみぞ、
あたら桜の、咎《とが》にはありける。

桜を見ようとたくさんの人来てしまう、残念だが桜のせい、と自分の和歌を口にします。

　地謡が「あたら桜の蔭《かげ》暮れて、月になる夜《よ》の木《こ》のもとに、家路忘れてもろともに、今宵《こよひ》は花の下臥《したぶし》して、夜とともに眺め明かさん※4」と謡い始めると、桜狩の人々は、西行の気持ちを察したのか、舞台向かって右側の切戸口《きりどぐち》※5から退場します。その間に、山に見立てた作り物から引廻が外されます。現れたのは白髪の老人。「花見んと、群れつつ人の来るのみぞ、あたら桜の、咎にはありける」と謡い、この歌の質問に来たよ、と西行に話しかけます。

「桜の咎って一体、どういうことかな」と、老人。「いやいや、憂《う》き世を厭《いと》っての山住まいなのに、貴賤群衆が来て、嫌になるんですよ。その気持ちを和歌にしたんですよ」と、西行。老人は、「いや、それはちょっとお心得違いではありませんかねえ。」そして、次の名セリフ。

憂き世と見るも山と見るも、ただその人の心にあり。

これは、西行ならずとも、私たちも会得しておきたい気構え。例えば、コップの水がもう半分しかない、なのか、まだ半分もある、なのかという見方の違いで、人生なんとかなる、という考え方でしょうか。

　つまり、老人は、西行の気持ち次第だと。花は「非情無心《ひじょうむしん》」なので、「憂き世の咎」とは無関係のはずだと諭します。

※4 地謡のフレーズは、『平家物語』「花の下の半日の客、月の前の一夜の友、旅人が一村雨の過ぎゆくに、一樹の蔭に立ち寄りて、別るる名残も惜しきぞかし」でしょう（巻三　少将都帰）。『吉野天人』（第二章）では天女が引用。『鞍馬天狗』（第七章）でも稚児が引用しました。

※5 切戸口　↓160頁、161頁を参照。

西行は、「本当にその通りです」と答え、「さては、そうおっしゃるあなたは花木《くわぼく》の精《せい》ですか」と尋ねます。「まさしく花の精です。老木で花も少なく枝朽ちていますけれど」と老人。つづけて「心なき草木とは言っても、花実《くわじつ》の折は忘れない」と。そして、次なる箴言。

草木国土皆成仏《そうもくこくどみなじょうぶつ》の御法《みのり》なるべし。

人間だけでなく、生けとし生きるもの、それから存在するものすべて、仏性を有している、という日本（と中国）の仏教の教えです。動物や魚、草木や土、石も、すべて成仏するし、私たちの成仏にも寄与してくれているのです。

仏教の教えが普く広がっているおかげで、桜も涅槃を得て、成仏できるのですから、僧である西行との縁に感謝する桜の精。

さて、ここから花の精による京の桜のあれこれ。まさに桜の見どころショーケースが始まるのですが、その前に、地謡がこう謡います。

それ朝《あした》に落花《らっくわ》を踏んで相伴《あひともな》つて出づ、暮《イふべ》には飛鳥《ひてう》に随《したが》つて一時《いっし》にかへる。

仲の良い友人と、朝は、（夜のうちに散った）花びらを踏んで、（遊びに）でかけ、（春を楽しんだ後）夕方には巣にもどる鳥とともに、一緒に帰ってくるのです。

これは『和漢朗詠集』の「落花」の項に載せられた、白楽天として知られる白居易（七七二

※6 春来頻与李二賓客郭外同遊、
因贈長句　白居易
（春来たり頻りに李二賓客と郭外に同に遊ぶ、因りて長句を贈る）

風光引歩酒開顔　送老銷春嵩洛間
朝踏落花相伴出　暮随飛鳥一時還
我為病叟誠宜退　君是才臣豈合閑
可惜済時心力在　放教臨水復登山

〜八四六）の漢詩の引用です。白居易が六十五歳のときの作。『和漢朗詠集』には、三、四句目だけが載せられていますが、オリジナルの題は、「春が来たので李二賓客（李仍叔）と洛陽に遊んだので長句を贈る[※6]」です。全文を読んでみると、「老いてきた私たちは春に遊ぶ。朝は、花びらを踏んででかけ、夕方には巣にもどる鳥と一緒に帰ってくる。年老いた自分は隠居すべき、友人の君は良い職にあって、こんなふうに時間をつぶしている場合ではない。でも、時を惜しみ、山に行こう。」とあります。まるで、老木の桜の精と西行法師のようですね。作者の世阿弥は、白居易の詩の全文を読んでいたのでしょうか。

さて、ここから、桜の精は、西行と（ヴァーチャル）花見に出かけます。ふたりの耽美な桜の世界がくり広げられていきます。ＪＲ東海の「そうだ京都行こう」のＣＭにも取り上げられている名所が多いです[※7]。

まづ初花《はつはな》を急ぐなる、近衛殿《このえどの》の糸桜。

京都御苑の北にある近衛邸跡の糸桜（しだれ桜）は、今でも京都で最初に咲くしだれ桜として名所になっていますね。同志社大学の向かい側です。

次は名所でなく、名句の引用。

見渡せば、柳桜をこき交ぜて、都は春の錦《にしき》、燦爛《さんらん》たり。

風光は歩を引きて酒は顔を開き、
老を送りて春を銷《しょう》す（とかす）嵩洛の間
朝《あした》には落花を踏んで相伴つて出《い》づ、
暮《ゆうべ》には飛鳥《ひちょう》に随つて一時《いつじ》に帰る
我は為す病叟《びょうそう》誠に宜しく退くべき、
君は是才臣豈《あ》に合《まさ》に閑なるべけんや
惜しむべし時を済《す》う心力の在るに、
水に臨み復た山に登ら放《し》教む
（『白氏文集』巻六十六）

※7『西行桜』に登場する京都の名所がテーマになっているＪＲ東海の「そうだ京都行こう」ＣＭは、以下のとおりです（YouTubeなどで配信されています）。

・京都御苑の近衛邸跡（京都御所）
　二〇一六年春
・毘沙門堂
　二〇〇〇年春、二〇一一年秋
・黒谷金戒光明寺
　二〇一九年秋、二〇一〇年秋
・祇園下河原
　二〇〇六年春、一九九八年冬、一九九四年夏
・清水寺・音羽山
　一〇一〇年夏、二〇〇四年秋、一九九三年秋
・嵐山・大井川
　二〇〇七年初秋、一九九五年夏

もととなっているのは、素性《そせい》法師の和歌「見渡せば　柳桜をこきまぜて　都ぞ春の錦《にしき》なりける」（『古今和歌集』春上五六）ですね。

柳と桜の名句の次は、

千本《ちもと》の桜を植ゑ置き、その色を、所《ところ》の名に見する、千本《せんぼん》の花盛、雲路《うんろ》や雪に残るらん。

花盛りの通りはまるで、雲の中を歩いているかのようで、散った花びらは、雪になって残っているような通り《ストリート》。鎌倉時代には千本《せんぼん》通と呼ばれ始めていた朱雀大路※8でしょうか。並木として柳が植えられていたそうなのです。今は商店と住宅やマンションが並んでいます。その昔には吉野からの千本《ちもと》の桜も植樹されていたのでしょうか。

次は東に行き、山科の毘沙門堂です。紅葉は有名ですが、春のしだれ桜も美しいところですね。

毘沙門堂の花盛り、四王天《しわうでん》の栄花も、これにはいかでまさるべき。

四王天というのは、仏教で、東方を守る持国天、西の広目天、南の増長天、北の多聞天の守護神ですね。この中でも北の多聞天は、単独でも信仰され、その場合には毘沙門天と呼ばれます。武将姿の毘沙門天は、七福神の仲間でもあります。毘沙門堂※9の桜がきれいなので、四天王グループ活動よりソロ活動強しというのですね。ちょっと知的なユーモアが効いていますよね。

※8 朱雀大路は、一九七五（昭和五十）年に平安京のメインストリートとしての痕跡が発見されました。平安京南入口の羅城門（東寺の西側）から平安京南門の朱雀門（JR二条駅あたり）まで、南北に四キロメートル、幅は八四メートルにもわたったそうです。

※9 毘沙門堂では「動く襖絵」と「八方睨みの龍」も見どころ。宸殿《しんでん》にある江戸時代の絵師、狩野益信《かのうますのぶ》作の『九老之間襖絵』は、歩きながら見ると、机の向きか大きさが変わり、絵が動いているように見えます。霊殿の天井に描かれた巨大な守護龍の雲龍図は、どこから見ても龍に見つめられます。同じく江戸時代の絵師・狩野永叔主信の作とされています。
　JR・地下鉄東西線の山科駅から徒歩二〇分ですが、なかなかの登り坂です。

その次は、まずは、毘沙門堂から北に平安神宮方面に一時間半ほど歩いたところ。

上なる黒谷下河原《くろだにしもがはら》。

地元の人たちが「くろだにさん」と呼ぶ金戒光明寺《こんかいこうみょうじ》。今では境内にソメイヨシノが咲きそろいます。ＪＲのＣＭではこの寺を背景に「この国には、ああ、きれいだ、と口にできる季節が必ず来るのです」とナレーション。

金戒光明寺を徒歩で三〇分ほど南下すると、祇園林下河原。このあたりはＪＲのＣＭでは「あぁきれいだ、また春がきた、桜爛漫」というセリフ。下河原は、鎌倉時代には遊女街がありました。

また山科方面に戻ります。

むかし遍昭僧正《へんぜうそうじゃう》の、憂き世を厭ひし華頂山《くわちゃうざん》。

華頂山元慶寺《がんけいじ》ですね。六歌仙のひとり、遍昭僧正（八一六～八九〇）が開山されました。下河原からは、歩いて一時間。清水寺を通りこして東へ行きます。桜の他にも椿、木瓜など木の花が美しい寺。当時の仏閣は、応仁の乱で焼失。現在の建物は、江戸後期に再建されたもの。地下鉄東西線御陵駅からは徒歩二〇分です。

もう一度、北にもどります。清水寺を通りこし、元慶寺から歩いて一時間ほど。

毘沙門堂の『九老之間襖絵』

毘沙門堂の雲龍図

鷲《わし》の御山《みやま》の花の色、枯れにし鶴の林まで、思ひ知られてあはれなり。

東山の霊鷲山正法寺《りょうじゅせんしょうほうじ》でしょう。無量寿院、鷲の尾寺、鷲の尾山、霊山《りょうぜん》とも。眺望がすばらしく、京都市内が見渡せます。『熊野』では「鷲のお山の名を残す」、『田村』でも「あれは上見ぬ鷲の尾の寺」と謡われています。

インドのビハール州にある霊鷲山は、釈迦が『法華経』『無量寿経』を弟子たちに説いた場所です。ここになぞらえられたのでしょう。

祇園も、その語源の説はいろいろありますが、おそらく、釈迦とその弟子たちのためにインドで建てられた僧坊の「祇園精舎[※10]」からでしょう。京都観光で、うっかり「祇園精舎はここからどのくらいですか」なんて聞いてしまうと、「それは一日では行けまへんわなあ」とのお答え。

釈迦は晩年には、霊鷲山から、生まれ故郷を目指して旅立ちましたが、その途中、クシナガーラで入滅したのですが、娑羅の木が二対で植えられている娑羅双樹が鶴のように白くなったと『涅槃経』にあります。これは娑羅の木も釈迦の最期を悲しんで枯れてしまった、とも、沙羅の木が白い花を咲かせたとも解釈されています。

いよいよ、次は清水寺。

清水寺《せいすいじ》の地主《ぢしゅ》の花、松吹く風の音羽山《おとはやま》、

地主桜は、清水寺内の地主神社にある一重八重の桜でしたね。『熊野』『田村』で、すっ

※10 釈迦の説法に感動した長者の須達《しゅだつ》（スダッタ）は、私財を投じ精舎を建て寄進しました。その場所が、息子の祇陀《ぎだ》（ジェーダ）太子から買い取った園林だったので、「祇園」、「祇園精舎」と漢訳されました。

かりおなじみです。音羽山は　清水寺の背後の山です。風の音の音と掛け言葉です。松は待つ、です。

桜の精と西行のヴァーチャルお花見の最後は、ずっと西に行きます。

ここはまた嵐山、戸無瀬《となせ》に落つる、滝つ波までも、花は大堰川《おほゐがは》、井堰《ゐせき》に雪やかかるらん。

嵐山は、まさに吉野からの千本の桜。後嵯峨天皇のときの植樹でしたね。戸無瀬の滝は、当時は水量もあり名所だったようです。渡月橋から上流を、大井（大堰）川と呼んでいますね。花が「多い」と掛けています。下流が桂川です。戸無瀬の滝口にも花びらが舞い、大堰川の井堰には、散った花びらが雪のように舞っています。

嵐山までたどりついたところで、時の鼓と後夜《ごや》※11の鐘の音が、聞こえてきました。夜明けがもうすぐです。

桜の精は、西行との夜遊を名残惜しみ、

得がたきは時、逢ひがたきは友なるべし。

と謡います。そして、「春宵一刻直千金《しゅんせういっこくあたひせんきん》、花に清香《せいきょう》月に陰《かげ》※12」と蘇軾《そしょく》の七言絶句絶句の最初の二句を詠じ、典雅な舞を披露してくれます。桜咲く春を、ともに愛おしむこのひときは、千金にも、何ものにも代えられない。花の香り、影を落とす月の光にも甘い空

※11　七世紀後半、天智天皇は時司《ときづかさ》をおき、水時計（漏刻《ろうこく》）を見張らせ、時司は太鼓と鐘で時刻を知らせていたそうです。『万葉集』にこんな句があります。「時守りの打ち鳴《な》す鼓　数み見《よ》れば時にはなりぬ　会わなくもあやし（時を知らせる鼓を数えたら約束の時間なのに、どうして会えないのでしょう）」（巻第十一2641）。『枕草子』にも「時司などはただかたはらにて、鼓の音も例のには似ずぞ聞こゆるを、ゆかしがりて」（第161段「岩波文庫」）とあります。近江神宮では、漏刻祭が六月十日に行われています。

後夜の鐘は、時刻を知らせる鐘、あるいは、仏教の夜明け前の勤行に鳴らされる鐘です。

※12　「春宵一刻直千金」で始まる蘇軾の漢詩については、『田村』の※1（71頁）をご参照ください。

『雲林院』（第十三章）、『小塩』（第十四章）、『泰山府君』（第十五章）でもこの詩が引用されています。

気が満ちています。

舞い終わると、もうお別れと言っておきながら、桜の精は、いいや、待て、まだ夜は深い。白んでいるように見えるのは、朝日ではなく、桜の花、などと言って引き止める様子。まるで、どこかの終電車のプラットフォームの恋人たちかのようです。美しくも切ない慕情を感じさせられます。

でも夜は明けていきます。「小倉の山陰《やまかげ》に残る夜桜の花」を枕にして見ていた夢、ふたりで桜を愛おしむ甘美な夢から覚める時がやってきました。これでお別れです。地謡が謡います。


嵐も雪も散り敷くや、花を踏んでは、同じく惜む少年の、春の夜《よ》は明けにけりや

雪のように散り敷かれた花を踏んで出かける。そんなかけがえのないひとときを惜しんだのは、若者のような私たち。その春の夜も明けてしまいました。

京都中の仮想《ヴァーチャル》花見に出かける前にも、散った「花を踏んで」春を楽しむ漢詩が、謡われました。その漢詩を詠じたのは、老年の詩人（白居易）とその友人。今ここで謡われているのは、同じ白居易の作ですが、また別の漢詩で、学生時代の友人とのことを詠じたもの。『和漢朗詠集』上「春夜」の項に「背燭共憐深夜月　蹋花同惜少年春[※13]（燭《とも》を背《そむ》けて　共に憐れむ深夜の月／花を踏みて　同じく惜しむ少年の春）」と、載せられています。

花見前の漢詩と同じく、これは、全文の三、四句目です。原題は、「春中に盧四周諒

※13　この句は、『狭衣物語《さごろもものがたり》』の冒頭にも使われています。大和和紀の漫画『あさきゆめみし』でも、光源氏と六条の御息所の出会いのやりとりに引用されています。
白居易の「春夜」の全文です。
春中與盧四周諒華陽觀同居
（春中　盧四周諒と華陽観に同じく居る）

性情懶慢好相親　門巷蕭條稱作鄰
背燭共憐深夜月　蹋花同惜少年春
杏壇住僻雖宜病　芸閣官微不救貧
文行如君尚憔悴　不知霄漢待何人

性情懶慢《せいじょうらんまん》にして好《よ》く相《あ》い親しみ
門巷蕭條《もんこうしょうじょう》として隣を為すにかなふ
燭《ともしび》を背《そむ》けて　共に憐れむ深夜の月
花を踏みて　同じく惜しむ少年の春
杏壇住僻《きょうだんじゅうへき》にして　病に宜しと雖《いえど》も
芸閣官微《うんかくかんび》にして　貧を救わず
文行《ぶんこう》君の如くにして尚お憔悴《しょうすい》す
知らず　霄漢何人《しょうかんなんぴと》をか待つ

『白氏文集』巻十三
『全唐詩』巻436－26

（盧周諒《ろしゅうりょう》）と華陽観《かようかん》に同じく居る」というもの。盧周諒は白居易の友人、華陽観というのは、長安にある道教寺院で、学徒たちの下宿のような所だったようです。学友との下宿生活といった題ですね。

最初の一、二句目は、「ふたりともずぼらな性格なので、気が合い、それに家がふたりとも貧しかったので、親しくつきあえる」とあります。そして、三、四句目、「灯火も消して、深夜の月を愛おしみ、落花を踏んで、二度とない青春をともに大切に過ごした」のです。今「花を踏んで」いるのは、青春の夢多き若きふたりなのです。白居易三十三歳のときの作。花見前からは、三〇年、若返りました。

桜の精が謡う友と慈しむ桜の時間。西行はどう感じていたのでしょうか。見るからに、「上求」ばかりであった西行も、桜の精のおかげで、「下化」が成し遂げられた、というところでしょうか。そして、花見を楽しんだ西行法師と桜の精は、青年の気持ちに戻ります。若返ったところで、夢が終わり、桜の精ともお別れです。春の夜の風情を感じる、ふたりの耽美なひとときでした。

さて、西行のこと。桜の和歌のことなど、少しだけ。

歴代の天皇の中でも抜群の歌人であり、『古今和歌集』の撰進も命じた、後鳥羽院（在位一一八三～九八）は、自身の歌論書『後鳥羽院御口伝《ごとばいんごくでん》』で、西行を「生得の歌人」と高く評価しています。「おもしろくてしかも」深い。西行の和歌の真似など、とうてい無理。「不可説の上手なり」としています。この「不可説」は、「言葉にならないほどすばらしい」とされていますが、文字通り、説明できない上手さ、今でいう「ヘタウマ」

ではないでしょうか。言葉に技巧を凝らすわけでもないですが、和歌には、西行の自由な気持ちがあふれています。

西行には桜の和歌がたくさんあり、それを言い出したら、ご存じのように、本一冊では間に合わないでしょう。どの和歌も魅力的で、代表してどれをご紹介してよいものやら。しかし、次の桜の二首は、昔（鎌倉時代）から有名ですね。

願はくは　花の下にて春死なん
その如月《きさらぎ》の望月《もちづき》のころ
（『山家集』巻上春77）

仏には桜の花をたてまつれ
わがのちの世を　人とぶらはば
（『山家集』巻上春78）

桜の下で最期を迎えたい、如月の満月の日（旧暦第二の月十五日）に。そして、私の墓前には桜をお供えしてほしい、と歌にしました。そして、西行は、この歌のとおりに往生をはたしました。たいしたエピソードですよね。それに感嘆して、昔から「西行物語」やら「西行絵巻」やら、西行が主人公のお話が、いろいろ作られました。

旧暦の如月は、新暦に直すと、二月下旬から四月上旬。年によって違うそうです。西行の亡くなった文治六（一一九〇）年の「如月の望月」は、新暦にすると、三月末になるそうです。その当時は、果たして、その頃に桜は咲いていたか、とたびたび問題になります。花は梅ではないか、とか。いやいや、そこをあえて問わないのが花、とか。

※14　サラソウジュ（*Shorea robusta*　ショレア・ロブスタ／サラノキ）は、三〇メートルにもなる高木で、熱帯雨林に生育します。日本の屋外では育たないので、寺院で、娑羅双樹として代わりに植えられているのは、ナツツバキという木です。日本でサラノキの花が見られるのは、滋賀県草津市の水生植物公園みずの森のアトリウム（温室）です。三月に白い花を咲かせるそうです。東京の夢の島熱帯植物園の大温室にもサラノキがあります。

「如月の望月」というのは、実は、釈迦が入滅した日と考えられています。ヴァイシャーカ月（第二の月）の満月の日です。日本のお寺でも、涅槃会《ねはんえ》が二月十五日に開かれます。

老齢となった釈迦は、『法華経』を説いたとされる霊鷲山《りょうじゅせん》（インドのビハール州）から生まれ故郷のインドとネパールの国境付近に向かいました。その途中のクシナガラ（インドのウッタル・プラデーシュ州）で、いよいよ最期と悟った釈迦は、娑羅の木が二対で植えられている娑羅双樹[※14]の下で北を頭にして横たわり、涅槃を迎えたのです。その時、娑羅双樹は、鶴が林中にいるかのように、一面真っ白な花を咲かせた、と伝えられています（『大般涅槃経』参照）。中村元訳の『ブッダ最後の旅―大パリニッパーナ経』では、「沙羅双樹が、時ならぬのに花が咲き、満開となった」とあります。その花は釈迦を供養するために釈迦の「体にふりかかり、降り注ぎ、散り注いだ」のです。

西行は修験道の修行にも参加しましたし、仏教には深く帰依していました。「花の下の如月望月」の和歌は、釈迦に憧れて、釈迦と同じような最期を迎えたいという願いだと、解釈することもできますね。「時ならぬ」桜も咲いて満開になって欲しいものです。

西行が登場する能は、この『西行桜』のほかに、自身の和歌を介して藤原実方《ふじわらのさねかた》の亡霊に会う『実方《さねかた》』、同じく和歌が崇徳天皇の霊を呼ぶ『松山天狗』、それから『江口』があります。『江口』は、遊女江口から一夜の宿を断られてしまう、というお話です。

❖能の詞章は『新編日本古典文学全集58 謡曲集1』（小山弘志・佐藤健一郎　小学館　一九九七）を使用しました。

サラノキの花
（草津市立水生植物公園みずの森）

仏涅槃図（鎌倉時代　九州国立博物館）

第九章

桜狩に行き——其の二『桜川』

筑波山のふもとの桜川に、桜狩に出かけた寺の僧とその弟子。『桜川』には「桜」や「花」という言葉がたくさん出てきます。糸桜に蒲桜、桜づくしです。そして、桜の下、思いもかけない巡り合いが……。

最初に登場するのは人商人。人買いです。九州の日向《ひゅうが》（宮崎県）で、幼い子を買ってきたところ。母親への、子の身代の代金と手紙を預かってきた、と紹介します。現代を生きる私たちには、のっけから、なんとショッキングな。しかし、うわあと思うそばから、「桜」という言葉が次々と登場します。母の居場所は「桜の馬場（熊本県）」そして、男の子の名前は、その名も「桜子《さくらご》」。

そんな特別な名前をつけた可愛い我が子をお金に換えるなんて、なんて母親、どんな

おもな登場人物
シテ：桜子の母
子方：桜子
ワキ：僧
　　ワキツレ：商人、僧

あらすじ
桜川に花見に出かけた僧侶と年若い弟子。そこに現れるのは、なりふりもかまわず、川に落ちた花びらを掬う女。僧侶と弟子が理由を尋ねると、生き別れた子の名前が桜子だから。僧侶の弟子にも生き別れた母がいました。もしかしたら……。

場所　桜川（常陸国／茨城県桜川市）

事情が。桜も気になりますが、そちらも気になります。商人は、橋掛《はしがかり》※1に戻り、桜子の母を呼び出します。現れた母。橋掛を、お幕に近い三の松※2のあたりまで来て、渡された手紙を読み、それは驚く母。というのも、桜子の母は桜子を手放すはずもなく。なんと。母を貧困から救うため、桜子自らが、自分を売ったというのです。「子を見ればこそ慰むに。」貧乏でも子があればこそ、慰められもしていたのに。「その子は売るまじき子に候《そうろう》ものを（いとし子を売れるわけがないでしょう）」と嘆き悲しむやら。それに、桜子は「木花咲耶姫《このはなさくやびめ》」の氏子なのだから。

木花咲耶姫※3は神話の神さま。一説には、「さくら」※4の語源になったとか。

木花咲耶姫さま、どうか助けてください。桜子を探しに行きます。と、母は舞台を去ります。ここまでが前場《まえば》（前半部）です。

後場《のちば》（後半）の始まりはこうです。

　　頃待ち得たる桜狩。山路の春に急がん。

桜狩にやってきたのは、常陸《ひたち》（茨城県）の磯部寺の僧侶たちと年若い弟子。若い弟子は子方《こかた》※5が演じます。

舞台は九州から北関東に。橋掛を通って時空の移動です。さて、この地区に磯部稲村神社（桜川市）は古くからあるのですが、磯部寺というのは実在しないようです。それはそれとして。

※1 橋掛　→158頁、161頁を参照。
※2 三の松　→158頁を参照。
※3 木花咲耶姫　→109頁。
※4 「さくら」の語源　→109頁。
※5 子役のこと。

僧侶は、弟子のことを、訳あって、世話をすることになった子で師弟となった、と紹介します。ここで観客は「はは〜ん」とハッピーエンドを薄ら期待、ですね。しかし、遠く九州から関東に。ありえるかなと思う間もなく、舞台では、また「桜」のオンパレード。桜狩にやってきたるは、桜川。「花は今を盛り」の筑波山も「この面かの面の花盛《はなざかり》」です。桜川では、散り始めた花びらが「花の波」となっています。

桜川は、桜川市にある鏡ヶ池が水源。筑波山のふもとを流れ、霞ヶ浦に注いでいます。あれれ。偕楽園のそばを流れているのも桜川ですね。これ実は、能の『桜川』の舞台となった桜川がご本家。偕楽園そばの川は、ご本家の桜川の桜に憧れた水戸光圀公のオマージュ・ネーミングです。光圀公は、桜川の桜も偕楽園にたくさん移植しています。※6

さて、ここでお幕がひらりと開いて、桜子の母の登場。肩には掬い網。橋掛の一の松※7で「桜川には花の散り候うか。悲しやな」と謡います。桜が散り始めると悲しくなるのは小野小町らの平安歌人も、私たちも、ですが、いなくなった子の名前が桜子、その母の気持ちを察すると、たまらないですね。母が舞台までやって来て「思いも深き花の雪」と謡うと、地謡《じうたい》※8が「散るは涙の川やらん」と答えます。かわいそう。母は続けます。自分は筑紫日向（宮崎県）から来た「物狂い」だと。それは、気持ちをまともになど保っていられないですよね。「海山超えて」箱崎（福岡県）、須磨の浦（兵庫県）、駿河の海（静岡県）、そして、常陸（茨城県北東部）まで来たのも、「げにや親子の道ならずば」。どうしても子に会いたいから。中年の女性ひとりで、ですよ。新幹線もないのにですよ。すごい旅路だったでしょうね。

※6　四代将軍家綱も桜川の桜を隅田川堤へ移植しましたし、八代将軍吉宗は、吉野の桜を隅田川に持ってきましたが、桜川の桜も玉川上水堤へ移植しています。

※7　一の松　↓158頁を参照。

※8　舞台向かって右横に座す謡の担当数名。

「桜川」　月岡耕漁『能楽百番』より（シカゴ美術館）

桜川磯部稲村神社の糸桜

そして、母が、桜川は有名な場所、自分の子の名前のようだ、などと言っていると、僧侶が母に話しかけ、網を持っている理由を尋ねます。みなさまは、きっともうおわかりですね。聞くも悲しいお答えです。

尋ぬる子の名も桜子にて。またこの此川も桜川の。名も懐しき。花の塵を。あだにもせじと思うなり。

我が子の名前の桜。桜川という名の川に散った桜の花びらは、塵となってもおろそかにできないのですね。だから、花びらを掬うために網を持っているのです。それだけではないのです。桜子という名前は、故郷の神さまは木花咲耶姫の「さくやひめ」から。そして木花咲耶姫の御神体は「桜木」なのです。つまり、「さくら」は、我が子の名はもちろんのこと、神さまですから、花びらでも、あだにはできないのです。

さらに、僧侶と母は、「**昔の貫之も。遥けき花の都より。いまだ見もせぬ常陸の国に。名も桜川。有りと聞きて**」と、桜川が詠われた紀貫之の和歌[※9]の話をします。これは、当時の教養の高さでしょうか。それとも、和歌というものが、現代の私たちが思っているより、楽しみとして、人口に膾炙していたと考えられるかもしれませんね。テレビもない時代ですから。

ここで、母は一度橋掛に戻ります。僧侶が、風が吹いて来たよ～。「**桜川に花の散り候うよ**」と言うと、母は「**流れぬ先に花掬わん**」と答えます。母は舞台に戻り、網を扇

※9「常《つね》よりも春辺《はるべ》になれば 桜川
波の花こそ間なく寄すらめ」
（後撰和歌集 巻三 春下）
「詞書《ことばがき》」に「さくら河といふ所ありときゝて」とあります。訪ねたことはないにしても、桜川は京都の平安貴族にも知られていたということでしょう。

に持ち替え、舞を舞います。

そして、母は、また網を持ち、地謡が「あたら桜の科《とが》は※10（惜しいことに、桜の良くないところは）」散ってしまうことと謡い、母は花びらを掬い始めます。桜、花という言葉がたくさん使われます。

風に誘われて、花が散るし、花が散ると風が吹くし。母と地謡とで掛け合いのように謡が進んでいきます。散っていく桜もある中で、眺めていたのは、

青柳の糸桜。霞の間には樺桜。雲と見しはみよし野の。

雲に見えたのは吉野の山桜でしょう。ここから、川に視点が移ります。吉野川でしょうか、その川では花びらを掬おうとすると、

国栖魚《くずいお》やかからまし。又は桜魚《さくらいお》と。

国栖魚、またの名を桜魚がかかるかもしれません、と桜が名前についた魚が出てきます。吉野産の鮎のことですね。そして、また桜の花に戻ります。白くて美しい雪のような、川面で波のように漂う花びらです。

白妙の。花も桜も。雪も波も。

※10「あたら桜の科《とが》」と言えば、第八章『西行桜』の「あたら桜の科にはありける」ですね。桜が咲くと人混みがすごいのは、桜のせいだと西行。

いくら掬い集めても、これは木の花。桜子じゃない。「我が桜子ぞ恋しき」と、母は掬った花を入れていた網を落としてしまいます。「あたら桜の科」からここまで、「網の段」と呼ばれています。お稽古をしばらく続けていると、教わることができます。

地謡が「もしも筑紫の人やらん（九州の方ですね）」と謡いかけ、そうですけれど、どうしてそんなことを聞くかと尋ねる母に「親子の契朽ちもせぬ。花桜子ぞ御覧ぜよ。」と答え。「聞けば夢かと見もわかず。いづれ我が子なるらん。」と母。僧侶は桜子を立たせ、そして母は桜子を抱き寄せます。地謡は「仏果《ぶっか》の縁《えにし》となりにけり」と謡います。親子が再会を果たし、これから幸せに暮らしていけるのも、仏さまのお導き。ありがたいことである、と終わります。

あれ、親子は木花咲耶姫のいらっしゃる神社の氏子さんで、この神さまに再会をお願いしたのでしたよね。後場でも、桜は木花咲耶姫の御神体とも謡われていたし。神さまから仏さまにチェンジですか。こんなふうに、一体どっちだろうと論理的に考えてしまって、気になってしまうのは、明治の脱亜入欧か、はたまた、戦後の民主主義教育のなせる技か。良いのですよね。神さまでも。お釈迦さまでも。家族や友人とつつがなく暮らせること、ありがたいって思えることが大事なのですよね。

『桜川』では、桜という言葉は五〇回近く、花になると五〇回以上、出てきます。桜という言葉を聞くだけで幸せな人は必見のお能です。

❖能の詞章は「半魚文庫」を使用しました。

「桜川」月岡耕漁『能楽図絵』より（シカゴ美術館）

3 木花咲耶姫

木花咲耶姫《このはなさくやびめ》のお話は、『古事記』『日本書紀』にも出てきます。石長比売《いわながひめ》がお姉さん。二人の姉妹の美貌にはちがいがあったようです。天照大御神《あまてらすおおかみ》から地上に下るように言われた瓊瓊芸命《ににぎのみこと》は木花咲耶姫に求婚。二人の父は、姉も一緒にと頼むも、瓊瓊芸命はそれを拒絶。父はそれを石のように永遠の命になるはずであったものを、と疎み、それが、天皇にも寿命がある始まりだとか。木花咲耶姫は神武天皇の曽祖母とされています。木花咲耶姫を祀る神社は全国津々浦々にあります。桜川磯部稲村神社もそのひとつです。境内の杜には能「桜川」ゆかりの糸桜も咲いています。

富士山本宮浅間大社の神札に描かれた木花咲耶姫

4 「さくら」の語源

「この花咲くや」→「この花、さくら」が起源、と考える説です。「さくや」→「さくら」ですね。この『桜川』でも、木花咲耶姫の「御神体は桜木」と謡われています。「さくやひめ」から「さくらご」という名前をとったともあります。

さくらの語源については、他にも「さ＋くら」説。「さ＋くら」説もあります。

「さ＋くら」は、「さ＝穀物の神さま＋くら＝神さまがお出ましになる御座《みくら》」です。桜は、穀物の神さまがおいでになる所なのですね。それで、桜の様子を見ながら、田植えの時期を決めたとか、収穫後は桜の木の下でお祝いをして舞も舞ったとか。これは、民俗学の折口信夫『花の話』や、歴史学の和歌森太郎『花と日本人』から広まった説と考えます。神さまがおいでになる木だから桜という名前、というのは、ことほどさように魅惑的な一説ではあります。「早苗《さなえ》」や「早乙《さおとめ》」という言葉にも「さ」がつく、とされていますが、この「さ」は「早い」という意味では。

「さく＋ら」というのは、桜の樹皮から。樹皮を割いて使っていたから。「割く＋ら」→「さくら」です。

漢字の桜の旧字体は、中国から伝わった漢字の「櫻」。「二階（二つの貝）の女が気（木）にかかる」でしたね。これは、女の人が、貝の（おそらくタカラガイ）ぶら下がったネックレスをしているような木、だそうです。つまりさくらんぼ、のことでしょう。花より果実、ですね。

第十章

桜狩に行き――其の三『右近』

鹿島の神職がお伴を連れて、桜狩のために、常陸（茨城県）から京都にやってきました。京都の東側の左京の桜は隈なく訪ねたので、今日の予定は、右近の馬場の桜。花見の人々は花見車をならべています。花見車の女性と親しく話をする神職。最後に糸桜が登場します。

鹿島の神職がお伴を連れて登場します。この神主さまたち、桜狩のために京都にやってきたのです。左京[※1]にある桜の名所は残りなく訪ねたし、「北野右近の馬場の花。今をさかりなる」と聞いたので、「**今日は右近の馬場の花を眺めばや**」と、自己紹介です。

あれれ、右近の桜って。右近の橘、左近の桜でなく。ここで出てくる「右近」は、鹿

※1 この能では、洛陽とされています。平安京の左京は洛陽と呼ばれていました。嵯峨天皇の時に、唐の市城から名前を取り、左京を洛陽、右京を長安と名付けたそうです。

おもな登場人物
前シテ：女
後シテ：桜葉の神
ワキ：鹿島神宮の神職

あらすじ
鹿島神宮（茨城県鹿嶋市）の神職が京都の北野右近の馬場に、桜狩にやってきます。花見車に乗って女性もやってきます。右近の馬場は、在原業平が花見車ごしに女性と和歌を交わした場所。神職がその和歌を口にすると、花見車の女性は返歌を返します。この女性は実は桜宮の女神でした。

場所　北野右近の馬場（京都市上京区）

島の神職の言葉にもあるように、「北野（天満宮）」の「右近の馬場」という場所です。「右近」というからには、「左近の馬場」もあります。右近の馬場からは東へ二キロほど。『蜻蛉日記』の作者は、自分の家が「左近馬場のかたきしに（隣り合わせに）」あったと、書いています。この右近左近というのは、右と左の二つあった近衛府《このえふ》のこと。右近衛府《うこんえふ》、左近衛府《さこんえふ》の略です。奈良時代後期に整えられた制度で、それぞれ宮廷の警護を任されていたそうです。

この左と右は、御所で南を向いている天皇から見ての右と左です。ですから、地図で見ると、左（西）側が右京、右（東）側が左京です。能舞台の左と右も。私たちには、たとえば、橋掛《はしがかり》は左ですが、能楽師さんたちからには、右側になりますね。※2

京都御所の左近の桜と右近の橘も、天皇の視点から。お雛さまのお飾りも、同じく。お内裏さまたちから見ての右と左です。ところで、お雛さまが桜側、つまりお内裏さまの左側に置かれているのは、文明開花のちの西洋の模倣。女性が右手で男性を頼り、男性は利き腕を女性を外敵から守るために空けておくという西洋式です。京都のお雛さまには、今でも、お内裏さまを桜側におく昔式もあります。

御所の桜と橘に、左近右近がついて、左近の桜、右近の橘と呼ばれるのは、儀式のときに、平安京の内裏、紫宸殿の東側を左近衛府が、西側を右近衛府が儀式のときに、警護していたことから。

そして、右近の馬場、左近の馬場というのは、近衛府の馬場のことです。「競べ馬」という儀式が五月に行われていました。「ひをり（引折）の日」と呼ばれていて、能の『右近』でも、「ひをりせし右近の馬場」と謡われています。『伊勢物語』にも「ひをりの日」

※2 能楽堂の構造について　→158〜161頁を参照。

「第九十九段（ひをりの日）右近の馬場」 住吉如慶筆『伊勢物語絵巻』より（東京国立博物館）

京都・北野天満宮の桜

という短い段《エピソード》があります。鹿島の神職が、その和歌を引用しています。まず、その『伊勢物語』のエピソードを紹介します。

主人公は、稀代のプレイボーイ、在原業平※3（八二五〜八八〇）。ひをりの日に業平さん、右近の馬場にやってきました。牛車の中から簾ごしに見物の女性もいます。そのうちのひとりを、業平さんは簾ごしとはいえ、見初めてしまい、こんな和歌を送りました。

見ずもあらず　見もせぬ人の　恋しくは
　あやなく今日や　ながめ暮らさむ

見ないということではないし、でもはっきりとは見ていない人のことが恋しいのは、わけがわからないけれど、今日は一日ボーっとしていますよ。うまいこと言ったものですね、業平さん。これにお返事が。

知る知らぬ　何かあやなく　わきて言はむ
　思ひのみこそ　しるべなりけれ

知っているとか知らないとか、理屈はともかく。恋しいという気持ちさえあれば、それが道案内でしょ、と。この女性もなかなか。この和歌の後、「のちには誰と知りにけり」と終わります。結局、その女性が誰であるかを知った、ということですが、「知る※4」と

※3 第十三章と第十四章では、業平と桜の能についてとりあげます。

※4 『ヘブライ語聖書（旧約聖書）』にも、「アダムはその妻イブを知った」という有名なフレーズがあります。夫婦の契りを交わした、の意味。

いう古語には、仲良くなる、という意味もありますね。

　鹿島の神主たちは、さっそく、

　　雲の行く。そなたやしるべ桜狩。

と右近の馬場にやってきます。雲のように咲き広がっている桜が道案内です。[*5]右近の馬場に着きますと、「花見の人々と見えて。車をならべ輿《こし》を続け」ています。当時は、桜の名所だった右近の馬場は、北野天満宮の一の鳥居のあたりだったそうですが、今は参拝者の駐車場になっています。

　神主たちが桜や、花見の車や輿の様子を休みながら楽しんでいるところへ、後見[*6]が舞台に車をもってきます。そこへ従者を従えた女性の登場。この女性が車の中に入って、「春風桃李花の開くる時」と『長恨歌[*7]』の一節を引用。「人の心も花やかに」と続けて謡い、従者たちと桜咲くのどかな春を、楽しみます。

　神主が、「のどかなる頃は弥生の花見とて。右近の馬場の並木の桜の。かげふむ道に休らへば」と言ったことに、聞こえたのかどうか、女性は女性で、「花見の車は木陰に」というようなことを謡います。この言い方が秀逸。「遥に人家《じんか》を見て。花あれば則《すなわ》ち入《い》るなれば」と、『鞍馬天狗』でも引用されている白居易の漢詩[*8]から始めます。もとの漢詩は「遠くに人家を眺め、花が咲いていたら、すぐ、出向く」の後は、『鞍馬天狗』でも引用されているとおり、「貴賤と親疎を論ぜず（地位が高いとか低いとか、親しいとか親

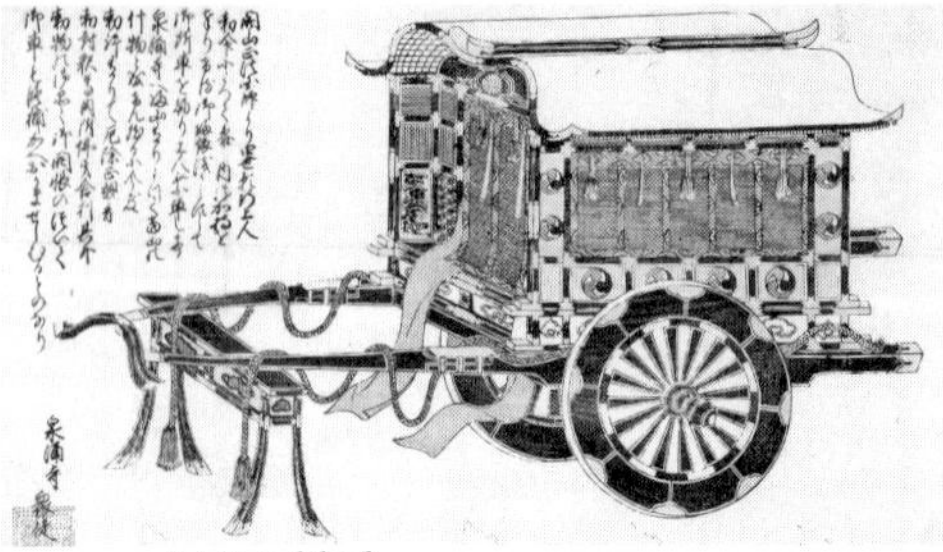

御輿車（『御輿車御膳図《おんよしゃごぜんず》』より　江戸時代　東京国立博物館）

※5「花の雲路をしるべにて。吉野の奥を尋ねん。」と、雲のような満開の桜を道案内に吉野に訪ねたのは『吉野天人』の都人でした。

※6 舞台の補佐監督役の能楽師。

しくないとかは、気にしない。）」なのですが、ここでは、桜があったら、木陰に車をおこう、にアレンジ。

神主は、車の中の女性に気がついたので、今日は「右近の馬場のひをりの日[9]にはあらねども」と言いながら、女性に声をかけます。そして、あの業平のひをりの日の和歌、「見ずもあらず　見もせぬ人の　恋しくは　あやなく今日や　ながめ暮らさん」とひとくさり。

これに、「あら楽しい、業平ね。」と言いながら、女性は返歌を「何かあやなく分きていはん。思のみこそしるべなりしを」とソッコー・リターン。そして、地謡。

見もせぬ人や花の友。知るも知らぬも花の蔭《かげ》に。相宿《あいやどり》して諸人《もろびと》の。いつしか馴れて花車の。榻《しじ》立てゝ木《と》のもとに。下り居ていざや眺めん。

知らない人でも、ともに桜を眺めることは、何かのご縁、という『平家物語』からの引用[10]。花見車なので、花見車を停めて桜を眺めましょう。仲良くしようよ、というのは、見ている方でも、なんだか幸せな気分です。

地謡はつづきます。

げにや花の下に帰らん事を忘るゝは。美景《びけい》によりて花心馴れそめて眺めんいざ馴れて眺めん。

※7『長恨歌』は、唐の玄宗皇帝（在位七一二〜七五六）の楊貴妃（七一九〜七五六）への愛を綴った白居易による長篇叙事詩。原文では、この後、「秋雨梧桐《どう》葉落つる時」と続き、何につけても、玄宗は楊貴妃のことを悲しく思い出す、と詠われています。能『右近』では、「人の心も花やかに」と素直に明るく続きますね。

※8 白居易のこの漢詩については『鞍馬天狗』の※5（78頁）をご参照ください。この漢詩は、『鞍馬天狗』のほか、『雲林院』（第十三章）でも使われています。

※9 右近の馬場の「ひをりの日」は、五月六日だと考えられています。

※10『平家物語』（巻三　少将都帰）「花の下の半日の客、月の前の一夜の友、旅人が一村雨の過ぎゆくに、一樹の蔭に立ち寄りて、別るる名残も惜しきぞかし（花の下で半日をともにした客も、月の前で一夜を過ごした友も、通り雨が止むまで樹の下に立ち寄った人でさえも、別れとなると、名残は惜しいものである）」これまでも、『吉野天人』（第二章）、『鞍馬天狗』（第七章）、『西行桜』（第八章）でも引用されています。

気がつかれましたか。地謡のこの部分、「見もせぬ人や花の友」からここまで、『吉野天人』の天女登場時の地謡と、とてもよく似ています。[11] 桜がきれいだから、帰りたくないわ、と。聞いているこちらも、なんだか、うれしくなってしまうような。この部分は、白居易の漢詩の引用です。[12]

この後、女性と神主は、「花桜葉の宮所（桜宮神社《さくらのみや》）[13]」も見えるなどと謡いながら、阿吽の呼吸、以心伝心で、和歌の上の句、下の句を言い合います。なんだか良い雰囲気。そうこうするうち、女性は、「わたし、神さまなの」と告白。実は、「桜の宮」の「桜葉の神」なのでした。そして、月の夜神楽を待つようにと言って、花に隠れて退場です。

神主たちが待っていると、桜葉の女神さま、「右近の馬場の春を得て。花上苑《じょうえん》に明かにして。軽軒九陌《けいけんきゅうはく》の塵に交はる神慮」と登場です。

『和漢朗詠集』の春部の花に、「花上苑《じょうえん》に明らかなり　軽軒九陌《けいけんきゅうはく》の塵に馳せ[14]（花明上苑軽軒馳九陌之塵）」とあります。唐の張読による賦「閑賦」の一節です。「上苑」は、漢の武帝が皇帝のために長安に整備した広大な庭園、上林苑のこと。上林苑は花盛り。「軽軒」というのは、軽快に走る車。「九陌」は、九つの大通り、つまり、都の大路です。塵を巻き上げながら、軽快に花見車が走っていく様子ですね。

「閑賦」では、「塵に馳せ」とありますが、『右近』では「塵」の後は「交はる神慮」と続きます。花見車の塵にも、神さまの私たちを思う優しい気持ちが交じるのです。高みからやってきて、世俗の塵にまみえて、世の中の平和を言祝いでくれるのですね。さすがというか、うれしいというか、ありがたや、というか。

※11『右近』では、花見車がモチーフなので、「花車《はなぐるま》の。榻《しじ》立てて、木《こ》のもとに。下り居て」ですが、『吉野天人』（第二章）では「花衣《はなごろも》の袖ふれて、木《こ》の下《もと》に立ちより」となっています。

※12 この漢詩については『吉野天人』の※6（28頁）をご覧ください。

※13 桜宮神社（上京区出水通千本東入西明神町）は、右近の馬場跡から、南東に歩いて一五分ほどのところにあります。延喜十（九一〇）年のこと、右近の馬場の桜の大樹に、紫雲がたなびき、日輪が降臨したので、天照大神を祀ったのが始まりだと言われています。その後、現在の場所に遷《うつ》し、桜葉明神、桜宮と称されています。

※14「花上苑」は、雅楽の「朗詠」で、今も演奏されています。朗詠とは、雅楽の声楽曲のことです。謡物と呼ばれます。弘安八（一二八五）年、後深草と亀山両上皇の行幸で朗詠された記録があるそうです。

塵に交わる、といえば、『嵐山』でも見たように、仏や菩薩が衆生を救うために、自らの知恵の光（威光）を和らげ、世俗の塵に混じる「和光同塵※15」という仏教の教えが思い浮かびます（『摩訶止観』六下）。思ったとおり。「塵に交はる神慮」の次には、「和光の影も曇りなく」とつづきます。これまでも、神さまが仏教の教えを謡うことがありました。平安から鎌倉時代には、神仏習合※16で、仏や菩薩が神となって現れると考えられました。その逆もあります。

つづいて「天照神の恵を受けては。桜の宮居とあらはれ給ひ。こゝに北野の。神の宮居に。花桜葉の神とあらはれ」と謡われ、桜葉の神は、舞を舞ってくれます。

舞の後は……。

花に戯れ。枝にむすぼほれ　かざしも花の。糸桜。

桜の花に戯れていると、枝にからまってしまったり。その髪飾りは「花の糸桜」。そして衣は桜色。やがて、神は、たおやかに、梢や枝先に飛び、雲のかなたへもどっていきます。

観世、宝生、金剛の三流で演じられます。

❖能の詞章は「半魚文庫」を使用しました。

※15「和光同塵」は、道教の祖、老子の『道徳経』には、自らの才能を隠して俗世間と交わること、とあります。

※16 神仏習合　↓69頁（『熊野』※2）。

第十一章

若木の桜――其の一『須磨源氏』

山陽本線の須磨寺駅から歩いて五分。ＪＲの須磨駅からは一二分。神戸の須磨寺に「若木の桜」が、あります。本堂に向かって、仁王門を通って行くと、唐門の手前、左手にあるのが「若木の桜」です。光源氏の手植えとされる桜です。フィクションの主人公が、どうやって植えたのか。それはそれとして……。

おもな登場人物
前シテ：須磨浦に住む老人
後シテ：（兜率天に住む）光源氏
ワキ：日向の国の神職、藤原興範
　ワキツレ：興範ら一行

あらすじ
藤原興範と従者は、日向から伊勢神宮参拝の海路の途中、須磨浦に寄港。須磨には『源氏物語』で光源氏が植えたという桜があり、「若木の桜」と呼ばれています。一行はその桜を見に行きます。そこで、出会った釣りや柴刈をして暮らしているという老人。実は、その老人は……。

場所　須磨浦（兵庫県神戸市須磨区）

日向の国、宮崎神宮に仕える藤原興範《ふじわらのおきのり》※1（八四四～九一七）ら三人は、航路はるばる伊勢神宮参拝の途中、須磨の浦に立ち寄ります。須磨といえば、「源氏の大将住み給ひし在所」です。光源氏が住んでいた頃に植えた「承り及びたる若木の桜」があるところ。その桜をひと目見ようとします。

そこへ、老人※2がやってきます。

朝に夕に釣りをし、薪を集め、塩を作って生活をしていると話す老人は、桜の木のそ

※1平安時代の公卿、藤原興範は、能『檜垣』の、老女の檜垣の昔語りの中で、少しだけ登場します。興範は、九州太宰府に住む遊女であった檜垣の女に舞を所望する風雅な男だったということです。

※2宝生流では、杖をついて登場。観世流では、柴を背負っています。

ばで、立ち止まります。そして、「須磨の山陰」に花を咲かせている木は、「名におふ若木の桜なるべし」と語り始めます。「若木の桜」として知られた桜で、光源氏の住んでいたところ、と謡い、「しばらく柴をおろし花をも眺めばやと思ひ候」と、若木の桜の花を眺めます。これを見ていた興範も「げにげに須磨の山桜。名におふ若木の桜ぞとて、はるばるここに分け入りて」来たのであると老人に話しかけます。老人は、

関よりも　花にとまるか　須磨の浦

などと。須磨の関は、大宝律令で定められている摂津の関のことです。海と陸の関所でした。関所だから、ということでなく、桜があるので、人々がここに留まる、というのです。

そんな老人に、興範は、光源氏のことも教えて欲しいと頼みます。老人は『源氏物語』の巻名を織り込み、巻ごとの光源氏のエピソードを語ってくれます。さながら『源氏物語』第一部のダイジェストです。

老人の話によると、光源氏は十二歳で「初冠《ういこうぶり》」し、「箒木《ははきぎ》」（第二帖）で「中将」、「紅葉賀《もみじのが》」（第七帖）で「正三位」となるのですが、「花宴《はなのえん》」（第八帖）で「朧」月夜と「契り」を交わしたために、[※3]「二十五」歳で「須磨」（第十二帖）に隠棲することになります。

『源氏物語』の第十二帖「須磨」には、光源氏が、この須磨浦で桜を植えたことが描かれています。

須磨には、年返りて、日長くつれづれなるに、植ゑし若木の桜ほのかに咲き初めて、

※3　朧月夜は天皇に嫁ぐはずだったので、周りの怒りをかってしまいました。それで、自ら須磨で謹慎生活を送ることにしたのです。

空のけしきうららかなるに、よろづのこと思し出でられて、うち泣きたまふ折多かり。

年も改まって、暇にまかせて植えた桜も、咲き始め、春の空はうららかで、いろいろなことが思い出されて、涙が出る、というのです。

老人は続けます。光源氏には淋しく辛い暮らしでしたが、「次の春」、誘われて「明石」（第十三帖）に移り住みます。※4 それは夢が現実になったかのようでした。そして、「天下に奇特の告（自らや周りが病に伏す災いは、光源氏を追いやったせいかもしれないと考えた朱雀天皇の決断）」があり、光源氏は「また都に召し返され」ます。「澪標《みおつくし》」（第十四帖）の巻では、「内大臣」に。「少女《おとめ》」（第二十一帖）の巻では、「太政大臣」となります。※5 そうこうして、「藤裏葉《ふじのうらば》」（第三十三帖）で、光源氏は、「太上《だいじょう》天皇」に准ずる待遇となります。

老人がここまで話をしたところで、興範は、「源氏の旧跡」がどこであったか、「委《くわし》く教へ」て欲しいと頼みます。老人は、これに「光源氏の御すみか」は、「昔は須磨。今は兜率《とそつ》の天《てん》」と答えます。

兜率天というのは、仏教の天界のひとつ。衆生を救う菩薩さまが下界に降りるまでの待機場所でもあります。光源氏は、今はその兜率天にいるのです。そして、夜を待つようにと伝えます。光源氏が「天降りこの海に影向《ようごう》あるべし」ということなので。神仏となった光源氏が天上界から須磨の浦にやってくるというのです。そして、「源氏の巻の名」のように、「雲隠《くもがくれ》」（第五十四帖）※6 するように、いなくなります。中入です。狂言方の間語りで、実は、老人は、光源氏の仮の姿と伝えます。

※4 亡き父、桐壺院が辛い生活はやめるようにと、光源氏の夢枕に立ったのです。そこへ明石の入道が声をかけたのでした。そこで入道の娘、明石の君と知り合います。

※5 『源氏物語』の作者、紫式部を供養する能『源氏供養』にも、『源氏物語』の巻名が織り込まれています。
能『住吉詣』は、光源氏が、須磨の後に移り住んだ明石で、知り合った明石の君と、住吉大社（大阪府）で再会します。『源氏物語』（「澪標」）では、光源氏、明石の君はそれぞれ住吉大社に出かけるも、すれ違ってしまうのですが、『住吉詣』は、二人で舞を舞う絢爛豪華な能です。

※6 『源氏物語』「雲隠」の巻には、本文が現存しません。巻名だけが伝えられています。

夜になり月が出てくると、波の音に舞楽が混じって聞こえてきます。そこへ、「あら面白の海原や」と、現れたのは、「光源氏」です。月の光に誘われて、今の住まいの天上の「兜率天」から降りてきたのです。須磨浦の青い海寄せられる波に、光源氏は、かつて舞っていた舞楽の「青海波」※7を思い出します。

「青海波」の舞は、今でも神社の祭礼や雅楽の公演などで、管弦の演奏とともに見ることができます。舞楽の左舞の演目のひとつ。それはそれは高貴で、風雅で、艶《セクシー》な舞です。『源氏物語』（「紅葉賀」）でも、十八歳の光源氏が、頭中将と一緒に、舞う様子が描かれています。その様子は、「世に見えぬさま」、つまり、この世のものとは思えないもので、桐壺帝を感涙させたほどでした。

須磨の浦にうちよせる波、その音に「笙《しょう》笛《ちゃく》琴《きん》箜篌《くど》」の音を聞く光源氏。雅楽の楽器です。

笙は、『嵐山』の「笙の岩屋」で、出てきましたね。十七本の竹でできた和楽器。吹いたり、吸ったりして音を出します。管楽器ですが、和音を出すこともできます。その音色は、天からの光とも、天からの声とも譬えられます。楽器の音色が自然と一体となるような屋外で、演奏が行われることも多いそうですね。そして、楽器の材料はもちろん地産地消。これは、たとえば、ヨーロッパなどでは、ある時期から、楽器は世界中から集めた材料で作り、演奏はコンサートホールなど、外界からの音が遮断された場所で行われていました。異なる点ですね。

「笙笛琴」は、現在でも雅楽の演奏に使われていますが、「箜篌《くご》」はその伝承が、楽譜、演奏法ともども途絶えてしまいました。楽器として演奏されるほか、仏教寺院の浄土の音を奏でる荘厳装飾として、使われてきたようです。浄土にある風が吹くとひとりでに

※7　青海波《せいがいは》では、動きが穏やかな平舞《ひらまい》を、二人で舞います。寄せ波引き波を表しています。楽舞の源流が中国大陸系のものを左舞《さまい》、左方《さほう》の舞、朝鮮半島系を右舞《うまい》、右方《うほう》の舞と呼びます。青海波は左舞です。装束には青海波紋と千鳥の刺繍がされていて、美しいです。

青海波紋

「紅葉賀」『源氏物語図屏風』（江戸時代　東京国立博物館）

「青海波」の装束（青海波紋と 96 羽の千鳥が刺繍された美しい袍《ほう》　宮内庁）

鳴る楽器であるとされています。

「荒海の波風」にも「笙笛琴箜篌」の音が聞こえ「天もうつるや須磨の浦」、須磨の浦に天上界がやってきたかのようです。

兜率の光源氏は、貴人の舞である早舞《はやまい》を凛と舞ってくれます。私たちの幸せを願って。昔住んでいた須磨に、今の住まいの天より降りてきたのは、菩薩のように「他生《たしょう》を助け」るため。

光源氏の舞の後、春の空は「**梵釈四王のにんでん（人天）に。降り給ふかと**」と謡われます。まるで、仏法の守護神である梵天と帝釈天が四天王※8を連れて、人間世界へも、降りてきたようなのです。

光源氏は「**ゆるし色のきらなるに。青鈍の狩衣たをやかに召されて**」、その袂を須磨の浦に翻して、天にもどります。この光源氏の装いは、『源氏物語』（須磨）の引用。『源氏物語』では、須磨での光源氏は、「山賤《やまがつ》」風の、聴《ゆるし》（許）色の着物に、その上には青鈍《あお》色の狩衣と指貫（狩袴）つけているが質素に着こなし、「田舎び」た様子が、いっそう、光源氏を「きよら」に（美しく）していた、とあります。

ゆるし色、というのは、淡いピンク。平安時代、誰でも使うことが許されていた色です。高価だった紅花を一斤だけ染料に使うことが許されたそうです。一斤だけなので、薄い紅色になったのですが、これは、どう見ても桜色。青鈍色は、平安時代は、鈍色系は凶事の折か、僧侶にだけ許されていたそうです。青がくすんだ色です。

さくら色に「**袂も青き海の波**」。「若木の桜」の花びらは、青い海と、そして月の輝く青い夜空へ。菩薩や光源氏の住む天空へと広がっていきます。

❖能の詞章は「半魚文庫」を使用しました。

笙（江戸時代　東京国立博物館）

奈良時代の箜篌　明治時代の模造品（東京国立博物館）

※8 東方の持国天、南方の増長天、西方の広目天、北方の多聞天。

第十二章

若木の桜——其の二『忠度』

「若木の桜」のある須磨浦は、一ノ谷の戦いの戦場になりました。光源氏の「若木の桜」はその合戦で討たれた平忠度《たいらのただのり》の「しるしの木」となります。源氏の桜が、平家の公達の魂の依代として描かれます。「若木の桜」がある須磨寺の源平の庭には、一ノ谷の戦いの様子を表した銅像があります。

おもな登場人物
前シテ：塩作りの柴をとる老人
後シテ：薩摩守平忠度（の霊）
ワキ：旅の僧（俊成に仕えた歌人）
　ワキツレ：旅の僧ら一行

あらすじ
歌人藤原俊成の弟子は、師亡き後、僧となり、西国行脚へ。途中で寄った須磨で若木の桜を見ていると、老人が現れます。一夜の宿を頼む僧に、老人は花の下こそ宿と勧め、一ノ谷の戦で敗れた忠度の回向を頼みます。忠度は戦の前に俊成に願い事を託していたのでした。その夜、忠度の亡霊が現れ、叶わなかった願いへの執着と戦の様子を語ります。

場所　須磨浦（兵庫県神戸市須磨区）

供を連れた僧侶が、「花をも憂《う》しと捨つる身の、月にも雲は厭《いと》はじ」と登場します。花さへも心を慰めない、月に雲がかかったとしても残念にも思わない、だなんて。出家の身となれば、桜の美しさも、気にならないという達観の境地なのでしょうか。それとも……。

僧は、著名な歌人、藤原俊成《ふじわらのしゅんぜい》（「としなり」とも。一一一四〜一二〇四）の弟子であったこと、その師が亡くなってしまったので、仏門に入り、修行の旅に出た、と話します。藤原俊成は、さまざまな歌集や歌学書を残しましたし、勅撰集『千載和歌集』（一一八八）の撰者でした。子だくさんで、その中に藤原定家《ふじわらのていか》（一一六二～一二四一）がいます。

この僧は、和歌の師、俊成を亡くしたことなどなどが、あまりに辛くて、桜にも心が動かされないでいるのでしょうか。桜すら憂いとは、桜好きには、気になりますね。

桜への気持ちは、同じ出家の身でも、たとえば、西行（一一一八～九〇）などとは、まったく対照的。西行は、「花に染む　心のいかで　残りけん　捨て果ててきと　思ふわが身に（あらゆるものを捨て切ったはずなのに、どうして桜への気持ちは残ってしまっているのかなあ『山家集』76）」ですとか。

「色そむる　花の枝にもすすまれて　梢まで咲く　わが心かな（咲きすすむ桜の花に勧められて、心の花も隅々まで咲いていくよ『聞書集』155）」と、出家をした後も、桜の美しさに耽溺しています。

鎌倉時代の禅僧、曹洞宗の開祖の道元（一二〇〇～五三）は、仏教思想書『正法眼蔵《しょうぼうげんぞう》』を著し、その著書は、日本、海外の哲学者や宗教学者を、今なお唸らせていますが、和歌も残しています。その中にも桜（花）を詠ったものがあります。「春風に　吾が言葉《ことのは》の　散ぬるを　花の歌とや　人のながめん（『傘松道詠集《さんしょうどうえいしゅう》』）」など。春風に誘われて、私も歌を詠んでみるが、人は、花に浮かれていると見るのだろうな、というもの。しかし、浮かれているように見えても、実は、それが仏教の深遠な教えなのだ、と解釈されています。

こんな和歌も。「春は花　夏ほととぎす　秋は月　冬雪さえて　冷《すず》しかりけり（春には桜が咲き、四季は巡ってくる。爽快である。『傘松道詠集』）というのです。この和歌の題は「本来面目（仏性を持ったあるがままの姿／禅の極致）」です。つまり、私たちの心には、仏性がそなわっているので、自然の美しさを感じることは、仏の教えの輝きを感じることだ、というのです。[※1]

だとすると、僧の開口一番、「桜すら憂い」とは、桜好きでなくても、聞き捨てならないセリフ。そうは言っても、都から西に向かう途中、須磨の浦に到着した僧侶たち、桜が咲いているのを見つけます。「若木の桜」だからと、見に立ち寄ることにします。そこへ、老人が登場。塩作りの薪を運んでいると話し、若木の桜を「ある人の亡き跡のしるしの木」であると紹介します。通りすがりだが、花を供えて帰ろうとするこの老人に、僧侶は声をかけます。

僧侶は老人と、山人《やまびと》だ、いや、塩作りは海人《あま》だ、とか、桜は、風で花を散らしてしまうもの、若木の桜は、海からの浦風にあたるのだが、などと、ひとしきり話をします。やがて、日が暮れ、僧侶は老人に一夜の宿を頼みます。老人は、「この花の蔭《かげ》ほどのお宿の候ふべきか」との答え。「花の宿」の「主《あるじ》」はだれかという僧の問いかけに、老人は、次の和歌を詠います。

行き暮れて　木《こ》の下蔭《したかげ》を　宿とせば
　花や今宵《こよひ》の　主ならまし

この和歌だけをさらりと聞くと、和歌によくある雅なアウトドアシリーズ、桜の下で

※1 川端康成は、ノーベル賞（一九六八）の受賞講演「美しい日本の私」で、道元の「本来面目」の和歌を引用して、日本の美を説明しています。

「忠度」 月岡耕漁『能楽図絵』より（シカゴ美術館）

小林清親『平忠度』（アムステルダム国立美術館）

の風雅な野宿パターンのようで、閑雅な春の宵を感じ（てしまい）ますよね。

老人は続けます。「詠めし人はこの苔の下、いたはしや」と。僧侶も、この「行き暮れて」の和歌を復唱し、その作者は、薩摩守平忠度《さつまのかみたいらのただのり》（一一四四〜八四）であると確認。老人は、若木の桜は、一の谷の合戦に討たれた忠度の「しるしの木」であると説明します。『源氏物語』の光源氏の桜ではなく。源氏の地に平家ですね。

「若木の桜」のある須磨浦は、一ノ谷の戦い（寿永三年二月七日／一一八四年三月二十日）の場にもなりました。「若木の桜」がある須磨寺には、源平の庭があり、平敦盛《たいらのあつもり》（一一六九〜八四）と熊谷直実《くまがいなおざね》（一一四一〜一二〇七）が戦う銅像が配されています。能の『敦盛』という演目でも描かれている情景です。敦盛は忠度の甥。平清盛（一一一八〜八一）は異母兄で、『熊野《ゆや》』に登場する宗盛（一一四七〜八五）も、忠度の甥にあたります。※2

そんな忠度と僧とは、俊成と和歌のご縁。今宵は、忠度が僧の「花の宿の主」です。僧は忠度が（蓮の）「花の台《うてな》に」座れるようにと、回向を申し出ます。老人は「仏果を得て、成仏できることを喜び、「都への言伝《ことづて》」を伝えたいので、「夢の告《つげ》を」「花の蔭に寝て」待つようにと言って、姿を消します。

ほどなく、須磨の地元の人が通りかかったので、僧は、若木の桜の謂れ、忠度のことなど教えてほしいと頼みます。

地元の人は、忠度が、文武二道にすぐれた良い大将であったこと、一ノ谷へ出陣の途中、和歌の師、俊成に会うために引き返したことを話し始めます。平家の分は悪いし、朝敵となってしまっているが、平和が訪れ、歌集が編まれることになったときにと、忠度は自らの歌集を、俊成に託し、戦地に向かいます。のちに、勅撰の『千載集』に俊成の句

※2 明治三十九（一九〇六）年に発表された尋常小学校の唱歌「青葉の笛」（作詞：大和田建樹、作曲：田村虎蔵）は、一番の詞は一ノ谷で敗れた敦盛、二番では忠度のことが歌われています。

は一首撰ばれたけれども、勅勘であったことから、「よみ人知らず」になってしまった、と話します。『平家物語』巻七「忠度都落」に書かれているとおりです。この忠度の和歌は、『志賀』（第四章）の冒頭で、薪を背負った老人が、和歌の句を少しだけ変えて謡います。桜の和歌です。※3

　地元の人は続けて、一ノ谷での忠度は最期に、源氏方の六弥《ろくや》太《た》忠澄《ただずみ》に追い詰められたことを話します。『平家物語』巻九「忠度最期」にも詳しく書かれています。

　若木の桜については、忠度の跡として植えられたとも聞くし、それより古い時代からあったとも聞くので、よくわからない、とのこと。何にしても、俊成のご縁なので忠度の跡を弔ってほしいと、僧に話し、地元の人は去ります。

　鼓、笛が演奏され、大きくお幕※4が開きます。現れたるは、烏帽子に白鉢巻、黒髪を肩までたらし、矢をもった武将。忠度です。

　忠度は、橋掛の一の松※5まで来たところで、話を聞いてほしい、『千載集』に自分の和歌を載せてはもらったものの、「読人《よみびと》知らずと書かれし事、妄執《もうしゅう》の中の第一なり」と話します。そして、俊成は亡くなってしまったが、どうか、弟子だったあなたから息子の定家に、自分の名前を載せてほしいと、伝えてくれないかと僧に語りかけ、舞台の中央に出ます。

　忠度が謡います。武家ながら、和歌を嗜むことは人としてとても大切なこと。それに謹んできたこと。『千載集』が編まれることになったこと。しかし、平家の局面は悪くなり、和歌どころではなくなったこと。源氏の地である一ノ谷での戦いに向かうこと。そこでの合戦の様子。万事窮す。船に乗って逃げようとしたが、敵わず、すぐ後ろに、六弥太

※3「よみ人知らず」で『千載集』に載せられた忠度の桜の和歌は、「さざなみや　志賀の都は　荒れにしを　昔ながらの　山桜かな」（『千載和歌集』巻一春上66、『平家物語』第七 忠度都落）。この和歌は、能の『俊成忠度』では取り上げられますが、『忠度』には登場しません。
　忠度は、源氏に追われるなか道を引き返し、師に自分の和歌集を託しました。さて、奥州に旅行中の西行。『千載集』が撰ばれると聞き、自分の和歌を選んでほしいと、京都に戻ります。その途中で知人にあったので、自分の「心なき身にもあはれは知られけり鴫立沢の秋の夕暮れ」が入っているか尋ねたところ、入ってないとの答え。それを聞いた西行は、「じゃあいいですぅ」とばかりに都に戻らず、旅を続けたそう。鎌倉時代の説話集『今物語』に載せられている西行のエピソードです。

※4 能楽堂の幕　↓159〜161頁を参照。

※5 橋掛、一の松　↓158頁を参照。

がやってきていたこと。

いよいよ忠度の壮絶な最期の場面。地謡が、ナレーションを引き受けます。忠度には敬語が使われ、客観的な第三者の視点で語られます。右腕を六弥太に打ち落とされてしまった忠度は、もはやここまで、と観念し、西を拝み、「光明偏照十方世界《こうみやうへんぜうじツぽうせかい》、念仏衆生《ねんぶツしゆじやう》摂取不捨《せツしゆふしや》※6」と宣《のたま》うのです。

忠度のその声も終わるか終わらないうちに、「いたはしやあへなくも」六弥太の太刀は「ついに御首《おんくび》を」打ち落とします。

ここから「六弥太心に思ふやう」と、忠度の姿ながら、六弥太の語りと身ぶりとなります。能は、時空も人物も超越するのですね。六弥太は、討ちとった相手を見て……。


長月《ながづき》頃の薄曇り、降りみ降らずみ定《さだめ》なき、時雨《しぐれ》ぞ通ふむら紅葉《もみぢ》の、錦《にしき》の直垂《ひたたれ》は、ただ世の常によもあらじ、

降ったり、やんだりの秋の時雨※7。その時雨によって染められたようなまだら紅葉のような錦の直垂※8をつけていて、ただ者ではあるまい、と六弥太。この世のものとは思えないほど、崇高ないでたちだったのですね。

はて。一ノ谷の戦いがあったのは、たしか、如月だったはず（寿永三年二月七日／一一八四年三月二十日）。長月ではなく。「紅葉の錦の直垂」を高雅に形容したいので、作者の世阿弥が時雨の季節にしたのか。しかし、歌心のある武将が初春に紅葉という季節感のない装いをしたとは考えにくいです。作者の世阿弥がもとにしたとされる『平家

※6「光明偏照十方世界念仏衆生摂取不捨」というのは、「阿弥陀如来の光は、十方の世界を遍《あまね》く照らし、私たちを、念仏の衆生として、救いとられ、けっして見捨てることはない」ということ。このあと、「南無阿弥陀仏」と続きます。「念仏衆生」というのは、私たちにも仏性があり、本来、阿弥陀如来とつながっている、と捉えることができます（『観無量寿経《かんむりようじゆきよう》』）。

※7 高貴な風貌の「むら紅葉の錦の直垂」を修飾して表現するために、時雨が使われています。時雨は、木々を紅葉させると考えられていて、時雨が紅葉を染めるという和歌はたくさんあります。鎌倉時代後期の和歌の類題を集めた指導書『和歌題林抄』の「時雨」の項目には、「時雨といえば、紅葉」とあります。
「降りみ降らずみ定なき時雨」は、『後撰集』（冬 四四五）の和歌から。「神無月ふりみふらずみ定なき時雨ぞ冬の始なりける（よみ人しらず）」

物語』では、こうです。

薩摩守忠度は一谷の西の手の大将軍にておはしけるがその日の装束には紺地の錦の直垂に黒糸威《くろいとおどし》の鎧着て黒き馬の太う逞しきに鋳懸地《いかけじ》の鞍置いて乗り給ひたりける
（『平家物語』巻九 忠度最期）

あでやかな朱でなく「紺地の錦の直垂」に、鎧もほとんど黒に近い濃い藍染で染められたもの。金粉銀粉がほどこされた蒔絵の鞍をつけた馬も、たくましい黒馬。大将軍らしく威風堂々とした精悍な黒づくめです。

『平家物語』では、黒く勇猛な装いであった忠度の直垂を、能では紅葉にしたので、季節も如月でなく、寂しげな時雨降る季節になりました。木々の花や桜や、おそらく「若木の桜」も咲き始める如月でなく、秋にしたのは、「寂寥感」を演出するためでしょうか。

さて、六弥太。討ちとった敵の武将の威容な英姿。平家の公達のおひとりにちがいない、「お名前を知りたい」と。そして、箙《えびら》の短冊に気がつきます。短冊を手に取り、読み上げる六弥太。そこには「旅宿《りょしゅく》」と題された和歌がありました。

行き暮れて、木《こ》の下陰《したかげ》を宿とせば

六弥太が和歌を読み上げている途中で、とらわれた妄執に苦しむ忠度が忠度にもどっ

※8 直垂は、武将のフォーマルウェア。大相撲の行司の装束も直垂です。

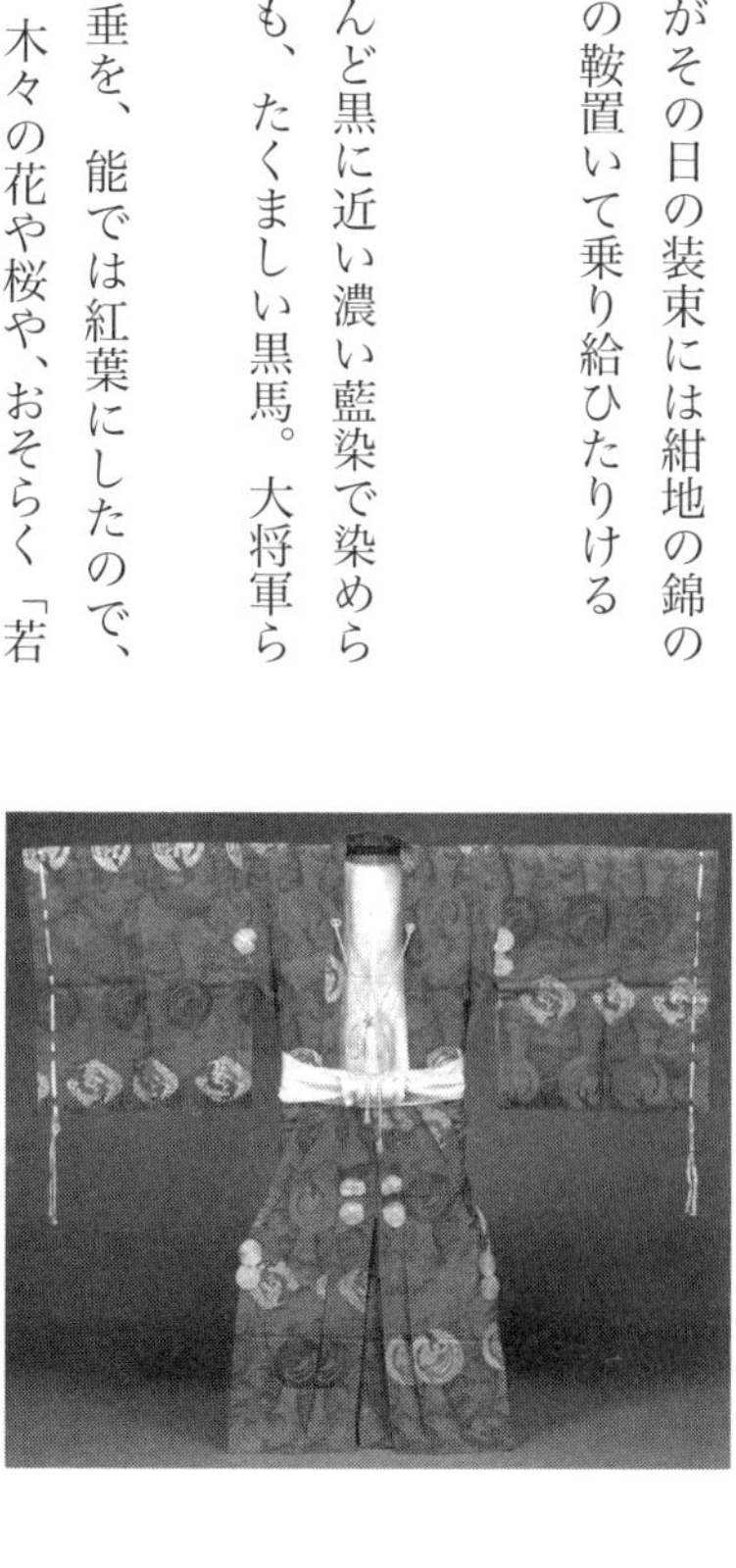
直垂（江戸時代　東京国立博物館）

箙

てきます。修羅の舞を舞います。「行き暮れて、木の下影を宿と」するということは、文字通りの「旅の宿」ではないことに、ここで、私たちも気づかされます。「生きて、生きて、最期の時を迎えるときには」ということなのですね。そのときがきたら、木の下に……。そして、また六弥太は、短冊を読みつづけます。

花や今宵《こよひ》の、主《あるじ》ならまし、忠度と書かれたり。

前場（前半部分）で、若木の桜の主は忠度だと、老人と僧は話していました。和歌では、桜が咲いて、その花が主です。つまり、忠度が桜。

忠度の六弥太が短冊を読み上げると、地謡が、疑いもなく、かの有名な薩摩守忠度です、「いたはし」いことです、と謡います。忠度は忠度にもどり、「若木の桜」に立ち寄った僧に、お話ができてよかったと告げます。忠度は気持ちに決着がついたのでしょうか。おしまいのお別れの言葉を伝えます。

花は根に帰るなり、わが跡弔《と》ひて賜《た》び給へ、木陰を旅の宿とせば、花こそ主《あるじ》なりけれ。

若木の桜も咲き、僧となった俊成の弟子に、忠度は自らの妄執を話し、読経をあげてもらいます。妄執は彼方に。安らぎを得て花の根となり土に還る忠度。そして、清適な春は、いつまでもまためぐってくるのです。※9

※9 俊成の二男・定家は、一二三五年に完成した『新勅撰和歌集』の撰者となりました。そこには、忠度の和歌が「平忠度朝臣」として一首載せられています。「たのめつつ　こぬ夜つもりの　うらみても　まつよりほかの　なくさめぞなき（あてにしていたのに、いらっしゃらない夜ばかり。恨みも積もるけれども、津守の浦の松のように、待つことだけが慰め）」（巻第十三　恋歌三　854）という女性からの目線の歌です。定家に思いが届いたのでしょうか。

このの ち、定家が撰者ではないものの、忠度の和歌は、『玉葉和歌集』に四首、『続後拾遺和歌集』に一首、『風雅和歌集』に二首、『新拾遺和歌集』に二首と、全部で十首が勅撰和歌集に撰ばれており、作者として忠度の名も記されています。

さて、忠度の最期を描くのに、如月のはずが、能では長月になっていました。花も枯れ、葉も落ち、山の木々が眠りにはいる秋。そして、春になり、山の命はまた芽吹きを始めます。長月にしたのは、まさにこの自然の円環の動きを表し、それに身を任せる安堵感を伝えたかったのでは。ひとりの命は終わるけれども、循環する自然の悠然とした流れに合流していくのです。そこから得られる安らぎ。死も安らぎなのですね。きっと老いることも。

「花をも憂し」と最初に言っていた僧侶自身も、弔いながらも、いっしょに悟りを得、本覚に目覚めることができたのにちがいありません。僧といっしょに私たちも救われ、安穏な気持ちが訪れます。※10

❖能の詞章は『新編日本古典文学全集58 謡曲集1』（小山弘志・佐藤健一郎　小学館　一九九七）を使用しました。

※10 狂言に『薩摩守』という忠度の官職名が題になった演目があります。これは、無賃乗車の秀句（ダジャレ）、タダ乗り。お金のない僧が「船賃は薩摩守」その心は「平家の公達、ただのり」と言って渡し船に乗ろうとして失敗する話です。能では、壮絶な最期を遂げ、なおも妄執に苦しむ忠度です。生死を深刻に考えさせられますが、狂言では、名前がジョークに使われています。しかも、無賃乗車を企てるのは、悟りを開いたはずの僧侶です。大蔵流狂言方人間国宝の山本東次郎師の言うように、狂言では、人間の愚かさを遠慮なく描きながらも、それを温かく包み込んでくれています。能では荘厳に人間を描き、狂言で人間の弱い部分を人間愛で包む。能楽のこういうところ、本当に素晴らしいですね。

第十三章

業平の桜――其の一『雲林院』

桜の花が咲くとき、能では、神、天人、この世に思いを残した人の霊が、桜の木を磐座《いわくら》として、私たちの世界に降り立ちます。平安王朝に実在した超絶美男子、在原業平《ありわらのなりひら》（八二五〜八八〇）もそのひとり。歌物語の『伊勢物語』のラブストーリーの主人公とされています。

おもな登場人物
前シテ：老人
後シテ：在原業平
ワキ：芦屋に住む公光という（架空の）人物

あらすじ
『伊勢物語』を若い頃から愛読していたという公光《きんみつ》は、夢のお告げで、雲林院に導かれて、やってきます。季節は春。桜の下へ、業平（の亡霊）が現れます。のちに二条后《にじょうのきさき》となった藤原高子《ふじわらのたかいこ》とのロマンスを語り、夜遊の舞楽を優雅に舞い、去っていきます。

場所　雲林院（京都・北山紫野）

在原業平※1が、浮名を流した女性は数多く。小野小町や、伊勢の斎宮恬子《てんし》。お伊勢さんの斎宮さまに色ごとを仕掛けるなんて、まさに自由奔放です。それに、なんと言っても、清和天皇の妃となり、二条后《にじょうのきさき》と呼ばれるようになった、藤原高子《たかいこ》との禁断の恋。ちなみに、業平の兄は、能の『松風』に登場する在原行平《ゆきひら》。雪平鍋のゆきひらでもお馴染み。

雲林院《うんりんいん》というのは、京都市北区紫野の現在は臨済宗の寺院。市バス「大徳寺前」下車、

※1平安時代に朝廷が作った歴史書『三代実録』には「体貌閑麗。放縦不拘。略無才学。善作倭歌」と描かれています。容姿淡麗、自由奔放、漢学は今ひとつだが、和歌が上手、だったのですね。業平が登場する能はほかに『井筒』があります。

徒歩三分です。八世紀の終わり頃、天皇の離宮として造成されました。二条后の山荘としても使われていましたが、のち天台宗の寺院として使われるようになりました。由緒ある寺院です。桜の名所として『古今和歌集』に歌枕として登場しますし、『源氏物語』第十帖「賢木」にも。藤壺の中宮への思いを募らせた光源氏が雲林院にひきこもります。『伊勢物語』や『今昔物語』『大鏡』『平家物語』にも、雲林院の記述があります。

お能の『雲林院』の季節は春。芦屋の公光と名のる男（芦屋市に公光町というところがありますが）の登場。若い頃から『伊勢物語』を愛読していて、雲林院を訪ねるようにとの夢のお告げがあった、と話します。

在原業平と小野小町（喜多川歌麿『五色染六歌仙』より　メトロポリタン美術館）

遠かりし、程は桜にまぎれある、雲の林に着きにけり

雲林院に到着。遠くから見たら、桜か雲かわからなかったのです。そのくらい桜が高く広く咲き誇っています。まさしく「雲の林」は「桜の林」ですね。

公光はさっそく、「**遥**《はる》**かに人家**《じんか》**を見て花あれば便**《すなは》**ち入**《い》**るなればと**」白居易の漢詩[※2]を朗詠。

白居易のオリジナルは、この後、「貴賤親疎を論ぜず」と続きます（能の『鞍馬天狗』も「**論ぜず貴賤と親疎と**」とオリジナルどおりです。『右近』では、「**木陰に車を停めよう**」でした）。

しかし、公光がつづけたのは、「**木蔭**《こかげ》**に立ち寄り花を折れば**」です。なんと、桜の枝を折ってしまいました。

「そこへ、「**誰**《た》**そやう花折るは**（桜を折ったのはどなたか）」と声が聞こえ、幕[※3]が開き、老人が登場。老人は公光に気づき、「**落花狼藉**《らッくわらうぜき》**の人そこ退**《の》**き給**《たま》**へ**」と。いくらいずれは

※2 白居易の漢詩についての詳しくは、『鞍馬天狗』の※5（78頁）をご覧ください。

※3 能楽堂の幕　↓159～161頁を参照。

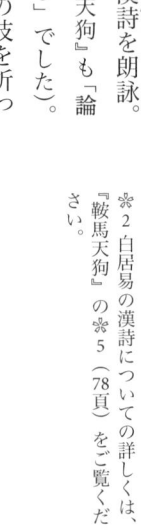

散るとはいっても、折ってしまうなんて「風よりもなほ憂き人よ」ととがめます。

公光はすぐさま、老人に、素性法師の和歌を引き合いに出します。桜の枝を折って帰って、来られなかった人へのお土産にしよう、という和歌（『古今和歌集』春上55）です。

見てのみや　人に語らん　桜花《さくらばな》、
手《て》ごとに折りて　家苞《いえづと》にせん

これに老人は、そういう考え方もあるけれど、と『古今和歌集』の別の桜の和歌（春下85）を紹介。

春風は　花のあたりを　よぎて吹け、
心づからや　移ろふと見ん

春風は、桜の花を避けて吹いてくれ。風が花を散らすのか、花が自分から散るのか、確かめたいから。そして、続けざまに、これまでにも何回か出てきた蘇軾《そしょく》の「春夜」※4の書き下し文も引用して、

春の夜《よ》の一時《ひととき》を、千金《せんきん》に代《か》へじとは、花に清香《せいきやう》月に陰《かげ》

老人は、「千顆万顆《せんくわばんくわ》の玉よりも、宝と思ふこの花」だと主張。千粒万粒の宝石より、

※4　蘇軾と「春夜」については『田村』の※1（71頁）をご覧ください。

桜は大事なのです。

さすがに公光も、これはごもっとも。「これは御理《おんことわり》、花物言《ものい》はぬ色《いろ》なれば。人にて花を恋衣《こひごろも》」と。桜の花は何も言わずにただ美しく咲くだけ。けれど、人は桜が恋しく、桜の花を望んでしまう、としみじみ。

結局のところ、これからの春のために枝を惜しむも、見ていない人のために枝を手折るも、どちらも情けのあることだなあ、ということになります。花盗人は罪に問うべきか否か。狂言の演目の『花折』や『花盗人』も、花盗人を許す、許さない、のお話ですね。次章『泰山府君』でも桜の枝が折られてしまいますよ。

罪はさておき、老人に、雲林院にやってきた理由を問われた公光は、見た夢を話します。夢の中の花陰に現れた男女。それぞれ束帯に紅の袴、手には『伊勢物語』。夢の中で近くにいたお年寄りが言うに、ふたりは、在原業平と二条后。場所は紫野の雲林院だとか。夢から覚めた公光は、さっそく雲林院にやってきたのです。それを聞いた老人は、それはきっと（業平が）『伊勢物語』のことで話したいことがあるからで、ここで夜は臥し、夢の続きを待つように、と言います。「その花衣《はなごろも》を重ね」たままで。つまり、衣には桜の花が散りかかっている、そのままで。そう言って、老人は立ち去ります。中入です。

「雲林院の花、盛りなる」と聞いた北山の地元の人がやってきて、公光と言葉を交わします。地元の人は、雲林院の桜は「名木」で「花の色香《いろか》殊に勝れ」、花を見ると、その喜びに嘆きも忘れると言われている、桜が咲くと、貴賤群集がやってくる、などと、地元の人ならではの話。

阿保親王《あのう》の子であった業平のことも。色好みであったこと。さらに、『伊勢物語』のいきさつも話し、公光の夢の男女は、業平と二条の后であろうと推測し、いなくなります。

言われたとおりに公光は「暮れなばなげの花衣《はなごろも》※5」日が暮れたら花が宿だと、休みながら待つことにします。

幕が開き、「花に映ろ」うようにして、桜の花の中から現れたのは、在原業平。自作の和歌を謡いながら。

月やあらぬ、春や昔の春ならぬ、
わが身一つは、もとの身にして。

「私だけは昔のままなのに。月も、春も、（そしてあの人も）、何もかも変わってしまった（ぐすん）。」かわいそうな業平さん。『伊勢物語』第四段のお話にも出てくる和歌です。気持ちを通わせていた人の所に行ったら、その人は、他所に行ってしまっていた。訪ねていけるような場所ではない。恋しいので、昔の場所に戻ってみるも、同じ場所なのに、違うところのようだ。で、この和歌を詠みます。この業平の和歌は『古今集』にも載せられています（恋五747）。『小塩』（第十四章）にも、出てきます。

桜の中から現れた業平の霊は「花の嵐も声添えて（桜の花に吹く風の声を伴奏に）」、二条后との許されぬロマンスを語ります。業平が語った『伊勢物語』のお話は、こうです。弘徽殿で、花のような高子を業平は見染め、二人は恋路に。そして逃避行を決行。高子は、緋の袴の裾を踏み乱れながら、業平は、木賊《とくさ》色の狩衣の袂を持ち上げながら。花の

※5「いざ今日は　春の山辺に　まじりなん　暮れなばなげの　花のかげかは」素性法師『古今和歌集』（巻二春下95）『志賀』の※5（56頁）もご覧ください。

散る芥川を渡ります。人目を忍び、逃げ出した二人の頬を伝うのは、春雨だったのか、それとも涙だったのか。思い出すのは、かつて興じていた優雅な夜遊《やゆう》の舞楽。そして、業平は雅やかな舞を披露してくれます。

業平は「**この物語、語るとも尽きじ**（『伊勢物語』のことは語り尽くせない）」といいながらも、「**覚むる夢となりにけり**（夢は覚めてしまう）」と去っていきます。

公光の夢も終わりです。

さて、逃避行のこの二人、このとき、高子、十八歳。業平は、三十五歳。高子は清和天皇の元服のお祝いの五節《ごせち》の舞《まい》※6の舞姫に選ばれていたので、天皇の女御として入内《じゅだい》が決まっているも同然でした。それは高子の業平との恋愛が許されるはずもなく『伊勢物語』（第六段と第十二段）によれば、駆け落ちをした先で、高子は鬼に拐われてしまうのです。鬼というのは、高子のふたりの兄。妹を取り戻しに来たのです。のち、高子は、陽成天皇となる子を産み、二条院に住んだので、二条后と呼ばれました。

❖能の詞章は『新編日本古典文学全集58 謡曲集1』（小山弘志・佐藤健一郎　小学館　一九九七）を使用しました。

※6　五節の舞　→31頁（『吉野天人』※7）。

月岡芳年『業平朝臣負二条局落行図』（ロサンゼルス郡美術館）

第十四章

業平の桜――其の二『小塩』

桜を縁《よすが》に、希代の色男、在原業平がまたしても現れ、典雅な舞を見せてくれます。『雲林院』（第十三章）で語られた二人の逃避行の思い出を、その後の話も和歌を引用しながらすすみます。京都市西京区の大原野《おおはらの》小塩山《おしおやま》が舞台です。

小塩山のふもとにあるのが、大原野神社。平安の頃から藤原氏の氏神が祀られていいます。藤原家に女の子が生まれると、将来皇后や皇太后になれるようにと、祈願をされ、参詣されていました。清和天皇の女御となり、皇太子の母、つまり、皇太后となった高《たか》子《いこ》。三十四歳になり、この神社に行幸しました。その行幸に、かつての恋人、業平が供《ぐ》奉《ぶ》（お供）したのです。業平はこのとき、五十一歳。『雲林院』でも描かれた、恋の炎を燃やした、ふたりの逃避行から、十六年後の再会です。

おもな登場人物
前シテ：老人
後シテ：在原業平
ワキ：都の人

あらすじ
友人らと花盛りの小塩山へ花見に訪れた都人。そこへ桜の枝を掲げたご老人が現れます。小塩山も業平と二条后のロマンスの舞台。桜の下へ現れた業平（の亡霊）は、『伊勢物語』に語られた恋物語を懐かしみ、優雅に舞を舞います。

場所　大原野小塩山（京都市西京区）

能舞台では、桜が満開の大原野小塩山。都人が友人らを連れ、花見に出かけます。今を盛りの花ざかり。そこへ現れるご老人。『雲林院』でも、老人が登場しました。芦屋から来ていた人が桜を手折ったことを、とがめながらのおでましでした。『小塩』では、この老人、手折られた桜のひと枝をかざしながら登場するのです。もちろん、老人が自分で手折った枝ではないかもしれませんが。ご老人が手折ったとすると、『雲林院』との比較は、なかなかのアイロニーで、興味深いです。あるいは、老人は（時空を超えて）、『雲林院』で折られてしまった枝を持ってきた、とも考えられるでしょうか。『雲林院』のお話の続きだよ、とばかりに。

この老人の登場のしかたもすてきです。「**花をし見れば物思ひも。なしとよみしも身の上に**（桜を見れば、気持ちが安らかになると言われていたが、歳をとり自分もそう感じられるようになった。）」ありがたいことだ、と。そして「桜が満開」の表現は、

散りもせず。咲きも残らぬ花ざかり。

この桜の枝を携えたご老人、どうやらただ者ではない、と感じた都人。老人に話しかけます。貴賤さまざまの群衆の中で、桜の枝をかざしたこの老人には、桜の花のように匂い立つ気品が感じられたから。

老人は、よほどの桜好きだと思ったでしょう、と応え、「**姿こそ山のかせきに似たりとも。心は花にならばこそ**（姿こそ、朽ち果てた埋もれ木のようだが、心には、花が咲いているのですよ。）」とつづけます。年をとっても、桜の花を愛する気持ちは変わらない。

大原野神社の千眼桜

老いた外見の姿はともかく、心は満開の桜のようだよ。桜のように一生懸命咲いているんだよ。と訴えるのです。朽ち果てぬのは心。「心は花」、年をとっても、心に花を咲かせているのです。一途に咲く花の喜びとともに。年齢を重ねるほど、能を拝見したときの味わいが増すだろうと思われる一節です。

老人は都人といっしょに、小塩山の桜の眺望を伝えます。

小塩の山の小松が原より。煙る霞の遠山桜。里は軒端の家ざくら。

「遠山桜」も「家ざくら」も『鞍馬天狗』の「深山桜」も、第一章でふれたとおり、品種ではなく、遠くの山の桜、家屋の庭の桜、深い山奥の桜でしょう。小塩山の麓の「小松が原」は、「大原の小松原」と、『新古今和歌集』など、和歌にたくさん詠まれています。桜の様子も。「霞か」「雲か」「八重」と言い合います。「八重」と言ったら、次は何でしょう。答えは、八の次の「九重の」です。地主桜《じしゅざくら》の『熊野《ゆや》』でも触れましたが。「九重」というのは、都のこと。ここから都の桜の描写です。「都辺は。なべて錦となりにけり。桜を織らぬ人し無き。花衣着にけりな。」都は桜で、素性法師の和歌※1に詠まれたように錦のようで、まるで、みんながみんな桜の着物を作って桜を着ているかのようです。なんだかオシャレ。

その眺望は、「あひにあう※2眺かな。」見ても見ても見飽きない、何度となく見たい眺めなのです。

そして老人と地謡はつづけて、

※1「春の錦」といえば、素性法師のこの和歌。「見渡せば柳桜をこきまぜて都ぞ春の錦《にしき》なりける」(『古今和歌集』春上56)

※2「あひにあう」で始まる伊勢(女流歌人。八七二〜九三八)の和歌があります。「あひにあひて　物思ふころのわが袖に　やどる月さへ　ぬるる顔なる」(『古今和歌集』(恋五756)。何度も何度もデートを重ねたのに。結局お別れすることになったのか、涙で袖も濡れるし、月まで涙顔。「あひにあう」という表現に、恋する女性の情念満載ですね。

大原や。小塩の山も今日こそは神代も思ひ。知られけれ。

と謡います。都人も興がのり、最後の句は、

大原や小塩の山も今日こそは。神代の事も思ひ出づらめ

でしたねと、訂正した後、「いかなる人の御詠歌」でしたかと老人に尋ねます。老人の答えは、この大原野での二条后の行幸《みゆき》に、在原の業平が供奉《ぐぶ》した時、后との以前の出来事を懐かしく思い、「神代の事と（昔のこと）」と詠んだのですよ、とのこと。

『伊勢物語』の七十六段に載せられたお話です。和歌は『古今和歌集』（雑歌上871）、『大和物語』にも載せられています。この和歌は、「神代」を文字どおり解釈して、「小塩の山の神さまも、天照大神降臨の時代、まさに神代のことなども、思い出されていることでしょう」と、后の行幸を祝っている和歌と受け取ることもできます。

しかし、老人は、「神代」をもうひとつの意味の「昔／過去」と考え、高子との秘めた恋が、業平に、つらく、懐かしく、思い起こされる、と解釈します。神様がいた神代の頃からも、恋の道は深淵なのであると、まるで、自分のことのように深いため息。

やがて、空がまるで桜の花に酔ったかのように、紅に染まります、老人は風雅に桜の花をかざしながら、桜の夕霞に中に姿を消します。中入です。

舞台に、小塩の里の人がやってきます。大原野の行幸のこと、業平のこと、業平は、本当は、歌舞の菩薩であること、など話し、帰って行きます。残された都人は、小塩山に、花に姿を写して、業平がやってくるのでは、と話します。

そこへ、花見車に乗って、往年の貴公子の姿に戻った業平（の霊）が、華やかにも上品に現れます。登場の和歌は、『雲林院』の登場のときにも謡われた、業平の和歌の「月やあらぬ」ですが、『小塩』では下の句がちがうものになっています。『雲林院』で使われたオリジナルの和歌は、「月やあらぬ、春や昔の春ならぬ、わが身一つは、もとの身にして（君はいないのに、僕だけは昔と同じ、ぐすん）」でしたが、『小塩』では、次のように謡われます。

月やあらぬ　春や昔の　春ならぬ
我が身ぞもとの　身も知らじ

変更箇所は「我が身ぞもとの　身も知らじ」です。私の昔のことは、知らないでしょうと、業平は、話しかけるように。

「やむごとなき」姿の業平の出現に、これは「他生の縁」と喜ぶ都の人。業平はこれまで縁があった人、契った人たちに、思いを馳せ、『伊勢物語』の和歌を引用していきます。

最初は花見のエピソードの段（十七段）での和歌。

※3「今日《けふ》来ずは明日《あす》は雪とぞ降《ふ》りなまし。消えずはありとも花と見ましや」業平　（『伊勢物語』十七段『古今和歌集』春上63）

今日来ずは。あすは雪とぞ　降りなまし。
　消えずはありと。花と見ましや※3

花見客への業平の和歌です。絶妙のお花見のタイミング。明日になったら雪のように降って、しかし、雪とはちがって消えないけれど、もう花じゃないよね、と。

そして謡は、「花も雪も」と続き、雪のように花びらが花見の貴人にも降りかかる様子。

　上人《うへびと》の桜かざしの袖ふれて花見車。くるゝより月の花よ待たうよ。

袖振りあうもなにかのご縁。花見車の扉のところで、風雅に月がでるまで待っていようよ、と地謡が謡います。ここで、夕暮れを仄めかして、

　春宵一刻値千金。花に清香　月に影。

これまでとりあげた能でも、たくさん引用されてきました。蘇軾の七言絶句「春夜」の冒頭です。※4 春の夜の一刻の素晴らしさ。この後、「惜

「小塩」　月岡耕漁『能楽図絵』より（シカゴ美術館）

※4『田村』の※1（71頁）も参照。

まるべきは唯此時なり」とつづきます。春の宵のひと時は、千枚の黄金の価値。今この時を大切にし、慈しまなくては。かけがえのない今、そして愛おしい過去。ふた通りの時間の流れです。舞台に重層性が生まれます。

さあ、いよいよ契りを交わした人たちとの思い出。『伊勢物語』の初段、第九段の和歌がつづきます。恋しい気持ちを詠った和歌です。百人一首や高校の古典の教科書でもお馴染みかも。すべて引用し、愛だ恋だと書いていきたいところですが、桜の和歌ではないので、引用された和歌を※5に簡単に記します。

『伊勢物語』十二段は、桜の和歌ではないのですが、業平と恋の逃避行のときの高子の歌とされているので、見てみましょう。「武蔵野《むさしの》は　今日《けふ》はな焼きそ　若草の　つまもこもれり　われもこもれり」です。『伊勢物語』のお話は、人の娘を盗んだ男はふたりで武蔵野※6へ。盗人なので捕まえられそうになり、男は女を野に隠して逃げます。盗人を捕まえるために、追手は野焼きをしようとしたところへ、大事な彼も私もこの野に隠れているから、野焼きなどしないでくださいね、と高子とされている女が詠んだ歌です。

業平と地謡は、「**妻もこもれり**」の後、「**我もまたこもる心は大原や。小塩につゞく通路の。ゆくへはおなじ恋草の**」と、武蔵野から、今いる大原野小塩山に戻ってきます。絶妙。

地謡が「**今も名は昔男**※7**ぞと人もいふ**」と謡い、業平は「**昔かな**」と言って、美しく優雅な舞を舞います。

舞の後、業平と地謡は、「**ありし御幸《みゆき》を花も忘れじ**」と謡います。大原野にいっしょ

※5
『伊勢物語』初段
「春日野《かすがの》の　若紫《わかむらさき》の　すりごろも　しのぶの乱　かぎり知られず」　業平
（奈良の春日野の若紫（のような美しいあなたたち姉妹を見て）、若紫で染めた衣のまだら模様のように（恋しい気持ちを忍ぶ私の気持ちは）乱れています。『古今和歌集』恋一994）

『伊勢物語』初段
「みちのくの　しのぶもぢずり　誰《たれ》ゆゑに　乱れ染めにし　われならなくに」
河原左大臣
（東北の陸奥で織られる乱れ模様の衣のように、（恋しい気持ちを忍ぶ私の気持ちは）乱れています。誰のせいでしょう。私ではない（あなたのせい）ですよ。『古今和歌集』恋四724／『百人一首』14）

『伊勢物語』九段
「からころも　着つつなれにし　つましあれば　はるばる来ぬる　旅をしぞ思ふ」　業平
（着慣れた唐衣のような妻を（都に）残してはるばる来た（東国の三河への）旅だなあ『古今和歌集』羈旅410）

に行って、参拝したこと、桜もきっと忘れないよね。切ない気持ちがたまらないのでしょう、小塩の山風が吹いて、桜を吹き散らせ、とまで。舞台には、桜を吹き散らすような山風が吹きます。もちろん、荘厳な謡いにインスパイアされた私たち観客のイマジネーションで、です。「散りまよふ木のもと」まどろみ、

　桜に結べる夢かうつゝか世人定めよ

と、謡われ、業平は舞台を去ります。夢か、現実か。私たちが、都人といっしょに業平の話を聞き、厳かな舞を拝見したのも、夢のようです。最後の「夢かうつゝか」の部分は業平の和歌からの引用です※8。『古今和歌集』と『伊勢物語』です。「夢か、現《うつつ》か」と、和歌を取り交わした相手は、実は、高子ではなく、別のお相手、伊勢の斎宮でした。ま、それはよいことにしましょうか。

小塩山には、業平が晩年を過ごしたとされる十輪寺もあります。しだれ桜の「なりひら桜」は、圧巻。JR東海の「そうだ京都行こう」のCMで有名になりましたね。大原野には、桜好き西行ゆかりの花の寺として知られている、勝持寺もあります。

✽『伊勢物語』と花見

『小塩』は満開の桜の花見のシーンから始まりました。『鞍馬天狗』もたくさんのお稚

※6『古今和歌集』（春上17）では、「武蔵野」ではなく「春日野」となっています。野焼きをする農夫への男からの和歌とされます。奈良のカップルが春日野でふたりきりの時間を楽しんでいるので、今日は、野焼きはやめてね、という解釈。すてきなエロスですね。

※7「昔男ありけり」というフレーズで始まる段の多いことで、高校の教科書でもよく知られている『伊勢物語』です。ここから、在原業平は「昔男」とも呼ばれます。

※8　ここで引用されている和歌は、ひと晩ともに過ごした伊勢の斎宮からの歌、「君や来《こ》し　われや行きけむ　おもほえず　夢かうつつか寝《ね》てか覚めてか（あなたがいらしたのか、私が行ったのか、いったい、何がおこったのか、わからないくらいです。夢だったのでしょうか。現実でしょうか。）」への業平の返歌です。

『古今和歌集』（恋三646）では、「かきくらす　心のやみに　まどひにき　夢うつゝとは　世人《よひよ》さだめよ」　業平「（私も出会ったことに）狼狽しています、逢瀬は夢だったのか現実だったのか、わからないくらいです。どうか世間の人が、決めてください。」という返事。（註次頁へ続く）

見さんを交えて、華やかな花見の場面から始まりました。狂言にも、花見の『花折《はなおり》』（『西行桜』のパロディです）、『花盗人』など。

さて、宴会を開くお花見を描いたものでは、『伊勢物語』がおそらく一番古いのではないかと言われています。八十二段に、業平が惟喬親王《これたかのみこ》に伴ってお花見に出かけるお話があります。「桜の花盛り」に「酒をのみ飲みつつ」桜の枝を頭に挿したりしながら、和歌づくりを楽しんだ話です。さて、ここで詠まれた和歌が、こちら。

世の中の　絶えて桜の　なかりせば
　春の心は　のどけからまし

業平作です。これに、応えて、どなたかが。こちらは作者不詳です。

散ればこそ　いとゞ桜は　めでたけれ
　うき世になにか　久しかるべき

いっそのこと、桜がなければ、もう散ってしまうか、などと心配せずに、のんびりと春を楽しめたでしょうねえ、という業平の和歌に、いいえ、散るからこそ、桜は良いのではありませんか、世の中には永遠に続くものなんてありませんし、と応えます。花見とはまさに、今、このひと時を堪能することなのですね。

❖能の詞章は「半魚文庫」を使用しました。

※8（続き）
これが、『伊勢物語』（六十九段）になると、「かきくらす心の闇にまどひにき夢うつつとは今宵《こよひ》定めよ」となります。
ということは…。夢かうつつか、今夜もう一度会って、確かめよう、ということ。これは。恋上手の必勝のフレーズ。さすがの色男です。

十輪寺のなりひら桜

満開の桜の下での宴会（住吉如慶画『伊勢物語絵巻』第 82 段「渚の院の桜」 東京国立博物館）

草叢に潜む業平と高子に追っ手が迫る（住吉如慶画『伊勢物語絵巻』第 12 段「武蔵野」 東京国立博物館）

第十五章

泰山府君

『泰山府君』

世阿弥の能楽論といえば、「秘すれば花なり」でお馴染みの『風姿花伝』ですが、ほかにもいくつかあります。『三道《さんどう》』（一四二三）では、『松風』『敦盛』などの作品を挙げて、「この能どもを以て、新作の本体とすべし」としています。『たいさんもく（泰山府君のこと）』も、そのうちのひとつです。それが、この演目は、幕末を最後に、世阿弥の自信作とはいえ、あまり演じられなくなり、金剛流だけが演目に残していました。今も金剛流だけの上演です。

舞台には、まず桜の立木台が置かれます。そして、「是《これ》は櫻町《さくらまち》の中納言《ちゅうなごん》とは我事《わがこと》なり」と、登場。「桜町中納言」と呼ばれた藤原成範《ふじわらのしげのり》（「なりのり」とも。一一三五〜八七）です。『平家物語』では、「すぐれて心数寄《すき》給へる人」（巻一　吾身栄華）、『源平盛衰記』には、「優

おもな登場人物
前シテ：天女
後シテ：泰山府君（天女をツレ）
ワキ：桜町中納言　藤原成範

あらすじ
桜を愛してやまない桜町中納言、藤原成範。山桜が美しい吉野の山を自邸の庭に再現し、その桜には、天女がやってくるほどです。しかし桜の花の命は7日ほど。成範は、桜の花の命を延ばしてもらおうと、万物の生命を司るとされた道教の神、泰山府君に祈りを捧げ、祭りを行うことにします。

場所　桜町中納言の屋敷
（京都御苑仙洞御所）

に情深き人」（巻二　清盛息女）と記されています。吉野山を恋い、桜を愛し、町の四方に吉野の桜を移植、そこに屋敷も立てたので、町は桜町と呼ばれ、成範も桜町の中納言と呼ばれるようになった、とあります。

桜町中納言は、すぐさま自分は「好《す》ける心《こころ》にあくがれて」と自己紹介を始めます。「好ける心」というのは、風雅を会得した心でしょう。教養がある、とも訳されたりしています。「好く」というのは、もちろん人を恋しく思う気持ちも表します。恋心を表す言葉で、風流を求める気持ちや、教養がある、という意味も表せる日本語は、すてきですね。※1

さて、情趣ある暮らしを送っていると自己紹介をした桜町中納言ですが、それでは、悠々自適なセレブ生活だったかというと、実人生は、なかなかの苦境つづきだったようです。辛いなかでも優雅な気持ちも保つことができていたのは、桜のおかげでしょうか。「されども妙《たへ》なる花盛《はなざかり》。三春《さんしゅん》にだに足《た》らずして」と桜町中納言はつづけます。三春というのは、初春、仲春、晩春の春の三ヶ月のこと。陰暦では一、二、三月です。桜の花盛りは、「唯一七日《ゆいいつしちにち》の間《あいだ》なり」と嘆く中納言。それで、思いつきました。

餘《あま》りに名残惜しく候へば。泰山府君《たいさんぷくん》の祭《まつり》を執《と》り行《おこな》ひ。花《はな》の命《いのち》を延《の》べばやと存《ぞん》じ候。

桜は咲くと七日で散ってしまうのは恨めしい。花の命を延ばしてもらうために、泰山府君《たいさんぷくん》の祭りをしよう、というのです。『平家物語』では、桜町中納言は、天照大神に祈り、『源平盛衰記』では、天照大神に祈り、泰山府君を祭った、と書かれています。

泰山の府君。「泰山」は中国（中華人民共和国山東省）にある標高一五四五メートルの

※1　たとえば、ヨーロッパ文化の場合、『聖書』で最初に、イブが禁断のリンゴを食べてしまいます。そしてパートナーのアダムをそそのかし、アダムもりんごを食べて（iPhone のマークです）しまい、神さまからエデンの園を追放されます。ですので、性愛がもとになっている恋心と高みを目指す気持ちというのは対極概念としてとらえられていました。

『伊勢物語』第四十段では、一心不乱な恋心を「好ける物思ひ」と表しています。

「花は盛りに、月は隈なきをのみ、見るものかは」で始まる『徒然草』第百三十七段では、風情をおもしろがる様子が「好けるさま」と書かれています。能の『敦盛』にも「身の業《わざ》の好ける心（身の丈にあった風流心）」とあります。

山の名前。「府君」は、古代中国で、地方の長官を表す言葉だったそうです。泰山は、道教の聖地五岳の中でもっとも尊い山とされ、古来信仰の対象となっています。泰山府君というのは、万物の生命を司るとされた道教の神。人の寿命も延ばしてくれると考えられていました。日本でも陰陽師の間でも信仰されていましたし、仏教では、閻魔大王と結びつきました。泰山府君の祭りは、平安時代には宮廷や公家の間で、鎌倉時代になっては、武家でも、盛んに行われていました。

舞台でも、小癋見《こべしみ》の面《おもて》をつけた泰山府君が、後半に登場します。では、最初に出てくるのは……。天女です。まるで絵本の童話のような可愛いやらかしをして、退場して、前場が終わり、中入となります。

さて、後場で、この天女が泰山府君に変身するかと思えば、さにあらず。演じるシテ方は、天女から泰山府君になりますが、この天女は、別の演者によって後半部分に戻ってきます。通常の能とは変わったパターンです。

桜町中納言が「桜の花の生命を残したい、桜の祭をしよう」と謡っている間に、幕が開き、天女が舞台にやってきます。「花におり立つ

「泰山府君」 月岡耕漁『能楽図絵』より

白雲の。嵐や空に歸るらん」と謡い始め、「天つ風雲の通路《かよひぢ》吹きとぢよ。乙女の姿しばしだに。とゞめかねたる春の夜の。色香《いろか》上なき花盛」と続けます。百人一首でもお馴染み、僧正遍照の「天つ風　雲の通ひ路吹き閉ぢよ乙女の姿　しばしとどめむ（風よ、天女の帰り道を吹いて閉ざしてくれ。乙女の姿を、もう少し見ていたいから）」（『古今集』雑上872）」の引用です。

自分で、可愛い天女、帰らないでね、帰るかしら、なんて謡ってしまうところ、可愛らしいというか、フェアリーテールというか。そして、なんということでしょう。「あら面白《おもしろ》の花盛《はなざかり》や。何ともして一枝《ひとえだ》手折《たを》り天上へ歸らばやと思ひ候」と言うのですよ、天女が、ですよ。

おや、たいへん。でも、桜町中納言には、天女が見えない様子。中納言は中納言で、「春夜一時値千金《しゅんやいちじあたいせんきん》。花に清香《せいきょう》月に影」※2などと吟じています。

この後、ふたりは、それぞれ、ひとり言のように、セリフを言い合いますが、しかし、ふたりで会話をするわけではありません。こういったやり方は、のちにコメディフランセーズとなった劇団を率いて、十七世紀に活躍した、フランス劇作家モリエールが使ったアパルテ（あるいはアサイド、傍白）という手法に似ています。舞台上の相手には聞こえず、観客だけに聞かせるせりふという演じ方です。ヨーロッパ演劇の三〇〇年近くも前に、能は先駆けていたわけですね。

しかも、巧みなのは、会話ではないものの、微妙にそれぞれの言葉が掛かりあっているのです。こんな感じです。「人に知られず一枝降りたい。花守は早く寝ないかしら。（天女）」「桜が咲いているうちは、夜寝るのも惜しい（桜町中納言）」「あら、桜のまわりに

※2 蘇軾の「春夜」という七言絶句の冒頭部分を少し変更しての引用です。全文は第六章『田村』※1（71頁）をご参照ください。
この句は、ほかに、『西行桜』（第八章）、『雲林院』（第十三章）、『小塩』（第十四章）でも使われています。

能面　小癋見
（江戸時代　東京国立博物館）

は垣が（天女）「月の影は（垣のような）隔てなく（桜町中納言）「花に光が……（天女）」「（月の光が）照らしている……（桜町中納言）」と。そして、地謡は、この後、「よしや吉野の山櫻。千本の花の櫻町《さくらまち》」と謡います。桜町中納言邸の桜は、吉野の千本《ちもと》の桜由来だという確認です。

天女も、中納言と同じように、桜の花が咲き終わることを切なく感じていますが、思い出に、桜の枝を天に持って帰れば、「此春《このはる》の望み残れり」と、考えているところ、幼いというか、メルヘンチックというか。

さて、さやかに桜を照らしていた月も陰となり、光を落とさなくなりました。あたりは暗闇。チャンス到来です。「うれしやな」とばかり、桜の枝を折り、その枝を抱えて、天女は退場します。中入です。

そこへ、枝を折る音がしたと桜の様子を見にくる人がやってきました。その人は、桜町中納言に桜に折られた跡があるよ、と伝えます。でも、垣根は破られていないよ。泰山府君の祭りをしているので、天人がやってきたのかも、などと言って退場します。

囃子が演奏されます。さあ、舞台左奥の幕[※3]が開きます。

そもそも是《これ》は。五道《ごどう》の冥官《みょうかん》。泰山府君《たいさんぷくん》なり

※3　能楽堂の構造と幕について→158～161頁を参照。

八重咲きの栽培品種「泰山府君」

泰山王図（中国・南宋時代　奈良国立博物館）

小癋見の面をつけた泰山府君の登場です。五道とは、天道・人道・餓鬼道・畜生道・地獄道の五つの世界、冥官とは、善悪を正す神のことです。

泰山府君は、「自分は人間を守り、「明」と「闇」の二つを守っている。今は、花の命のためにも祀られているよ。」そんなことを話すうち、あらら。桜の枝に折れた跡があることに気づきます。さすがは泰山府君、「通力《つうりき》」で犯人がすぐにわかってしまいました。人間界に近いとされる天上界の中でも、「欲界色界無色界《よっかいしきかいむしきかい》」の三界《さんがい》でなく、少し下の「耶摩天《やまてん》」でもなく、なんと、「らくへん下天《げてん》の天人が。此花を折ったよ」と。人間界に近い天上界の中でも、よりによって、上の方の世界の楽変化天《らくへんげてん》にいる天人のしわざだとわかりました。

そして、「山河草木震動《さんかそうもくしんどう》して。虚空《こくう》に光り満《み》ち満《み》」ちたようになります。

泰山府君が、「天上清し」のはずなのに、と謡っているところへ、幕が再び開きます。地謡が「天女はふたゝび天降《あまくだ》り」と謡い、折ってしまった桜の枝を持って、あの天女がやってきます。

天女は、天女の舞を舞います。舞った後、「散りくる花を慕ひ行けば。(桜が散ってしまうのが淋しくて愛おしかったから)」と可愛い言い訳。泰山府君は、「天上にてこそ栄花の櫻」と謡い、天女に桜の枝を戻すように、というしぐさ。

地謡が、「梵釈十王閻魔宮《ぼんしやくじふわうえんまぐう》。五道の冥官泰山府君の。力を種の継木《つぎき》の櫻」と謡っている間に、天女は、桜台に自分が折ってしまった枝をもどします。

梵釈の梵は、梵天《ぼんてん》、釈は、帝釈天《たいしやくてん》です。仏法を守護する仏教の二対の守護神です。梵天は、古代インドの宗教文書『ヴェーダ』に出てくる宇宙神。帝釈天は、雷神インドラです。十王というのは、冥界の十人の王。梵天、帝釈天に十王に、閻魔王のいる宮殿に住む泰山府君です。

そんな泰山府君の力が種となって、継木をされた桜町中納言の吉野由来の山桜。「あっぱれ奇特《きどく》の花盛」となり、泰山府君は、神の舞を披露してくれます。自由に舞台を回りながら舞った後、「通力自在《つうりきじざい》の遍満《へんまん》なれば（自分の神通力が、あまねく充満しているので）」とひと言。地謡が続けて、「花の命は七日《なぬか》なれども。もとより鬼神《きしん》に横道《わうたう》あらんや。花の梢《こずえ》に飛び翔《かけ》って。嵐を防《ふせ》ぎ雨を漏《も》らさず。四方《よも》にふさがる花の命。（鬼神は、正道にはずれたことはしません。桜の枝に飛び回り、雨や嵐から、桜が守られるでしょう）」と謡います。

そして、

七日に限る桜の盛《さかり》。三七日《さんしちにち》まで残りけり。

七日間の花の命が、三倍の二十一日まで延びましたよ、と終わります。

❖能の詞章は『謡曲評釈　第三輯』（大和田建樹）を使用しました。

能楽堂へ行こう!!

愉しむための基礎知識

❖能楽堂のようす❖

能楽堂に到着。ロビーを通り、舞台の入り口のドアを開けましょう。

舞台に向かって観客席が整然と並び、左右対称に広がった大きな額縁のような舞台には緞帳《どんちょう》が降りている、そんな空間を想像しながら。

ところが、扉の向こうには……。

迎えてくれるのは、木の良い香り。そして、むき出しの白木の板の四角い舞台。舞台は二次元の額縁には収まっていません。それに舞台に向かって左側には欄干のついた渡り廊下のようなもの。見事に左右非対称《アンシンメトリカル》ですし。緞帳などはどこにもないし。舞台の奥まで丸見えです。その奥には松が描かれた木の壁。庭師さまの造詣が偲ばれるような、枝ぶりの

一の松と白洲

良い松です。「鏡板《かがみいた》」と呼ばれています。舞台の四隅には四本の柱があり、その上には屋根がかけられています。

客席も、舞台に向かって、前を向いている席ばかりではありません。張り出している舞台を取り囲むように、斜め向き、横向きの席があります。横を向いている席の向こう側の、渡り廊下のようなものは、「橋掛《はしがかり》」と呼ばれています。橋掛の前には、松が間隔をあけて三本。宝生能楽堂では、本物の松が置かれています。舞台から近い方から、順番に「一の松」「二の松」「三の松」と呼ばれます。

舞台の下を見ると。周囲に白い小石が敷きつめられています。そう。この「白洲《しらす》」と屋根は、舞台が、屋外にあったこと

の名残りなのです。もともとは、自然光やかがり火の陰影の下で上演されていたのです。

神々へ捧げた古代のギリシャ劇や市民の娯楽であった古代ローマの劇も、舞台を取り囲むように観客席が設けられた野外の円形（実際には半円）劇場で上演されていたそうですね。ロンドンで一五九九年に建てられ、シェイクスピアの作品の多くを初演した劇場、グローブ座（The Globe）も、野外で、張り出した舞台を取り囲むように、観客席があったようです。一六四四年の清教徒革命《ピューリタン》による劇場閉鎖令により取り壊され、一九九七年に当時と同じような野外張り出し舞台が再建されました（The Globe Theatre）。劇場の名前は、日本語ですと「地球座／地球劇場」ですね。

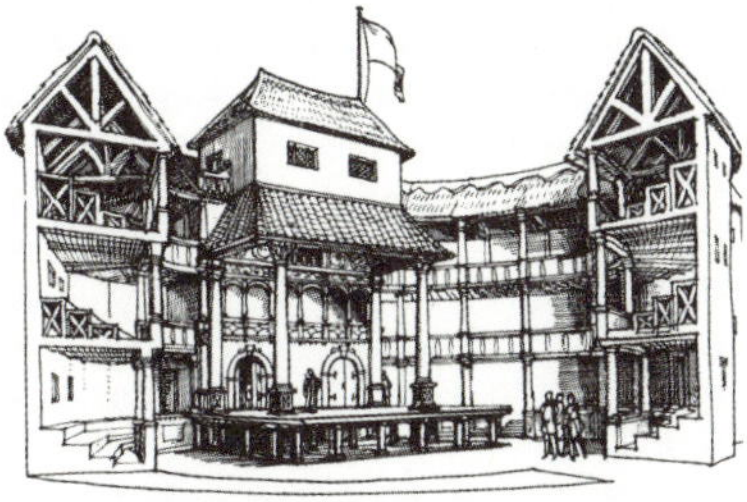
グローブ座（*The Globe Restored*, 1973 より）

能楽堂の客席から見て、橋掛の左奥には、五色の幕がかかっています。幕は向かって客席の奥、幕の右から、紫・白・赤・黄・緑の五色です（国立能楽堂では、緑・黄・赤・白・紫の順です）。この五色は、陰陽五行説《いんようごぎょうせつ》によるものだと考えられています。陰陽五行説では、地球上のものすべてが、「陰と陽」の二つの気、「木《もく》・火《か》・土《ど》・金《ごん》・水《すい》」の五行で成り立ち、世界が回っていると考えます。古代中国で生まれた考え方で、日本には仏教がやってきた頃には、暦の考え方とともに入ってきていました。

この五色は、ほかにもいろいろ登場しますね。七夕には「五色の短冊」を笹に。五月の節句の鯉のぼりの吹き流しも。緑の代わりに青、紫の代わりに黒が使われることもあります。この五色は魔除けと考えられたようですね。大相撲でも、土俵の上の屋根の四隅にかかっている房が、青（緑）・赤・白・黒（紫）で、土俵が黄ですから、合わせて五色です。これは、

橋掛の奥にかかる五色の幕

それぞれ、方角を表しており、順に、東西南北。黄は中央です。青春、という甘いような、切ないような言葉。これは、五色と季節が結びつきました。青春、朱夏《しゅか》、白秋（詩人北原白秋の名前はここから）、玄（黒）冬、という言葉があります。黄は土用（立春・立夏・立秋・立冬の直前の数日間）です。それから、お寺や神社でも、五色の幕はよく見かけますね。

この幕の奥から登場するのは、楽器担当（囃子方）と演者（シテ方とワキ方、それに狂言方）です。声楽担当（地謡《じうたい》）は、ここからは登場しません。舞台右側奥に小さな戸口があります。「切戸口《きりどぐち》」です。地謡の面々は、この戸を開け閉めして舞台右側に並んで客席には横を向いて座ります。この切戸口からは、ほかに「後見《こうけん》」という舞台全体の見守り役も登場し、舞台一番後方左側に客席を向いて座ります。

さて、美しい枝ぶりの松が描かれた「鏡板《かがみいた》」のこと。どうして、「鏡板」と呼ばれるのでしょうか。それは、「お客さまは、神さま」だからです。本来のお客さまは私たちでなく、実は、神さま。松には、神さまがやってくるので、松にいらっしゃる神さまに、お能を見ていただくのですね。それに、私たちもお相伴させていただく、というわけです。

そんなことからか、お能は「見る」ではなく、「拝見する」と言いますね。ところが、舞台後ろの松に向かって、能楽師さまたちが演能をすると、私たちは、その演能の後ろ向きしか、拝見することができなくなってしまいます。そこで、神さまのいらっしゃる松は客席側にあるつもり。その松の姿を、舞台後ろの板は大きな鏡で、その鏡が松を映している、ということにしたのです。そうすれば、神さまも、私たちも、前からしっかり拝見することができます。それで「鏡板」と呼ばれています。

舞台の四隅には四本の柱。それぞれ名前がついています。大相撲の国技館も、同じように、野外の催しだったものを屋内に持ってきました。国技館には吊り天井がありますが、柱はありませんね。観客からは見えづらいことと、力士の安全から、柱をなくしてしまいました。能楽堂には、四本ともしっかり残っています。吊り天井にしてしまえば、観客には良いかもしれませんが、実は、困ることがあるのです。それは、面《おもて》をつけた能楽師さまです。視野がたいへん限られるので、柱が舞台での位置の確認に需要な役割を果たしているのです。特に、左側手前の柱。その名も「目付《めつけ》柱《ばしら》」です。左側奥は「シテ柱」右側手前は「ワキ柱」右側奥は「笛柱」です。

切戸口

鏡板

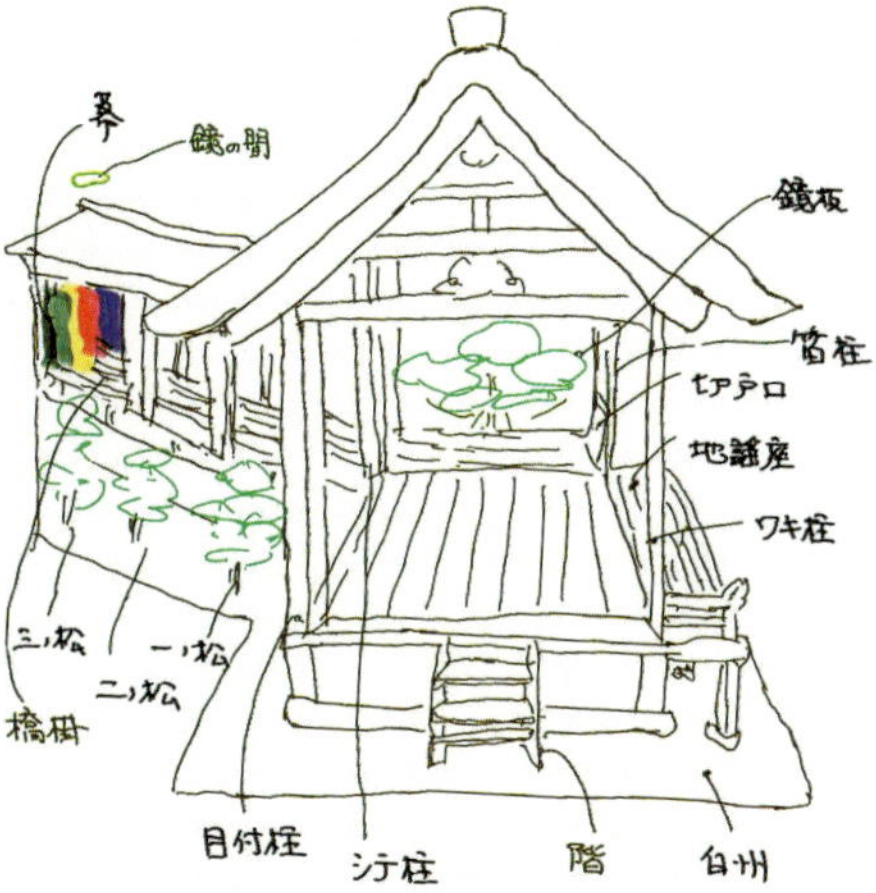

舞台の正面には、白洲に降りる段々があります。「階《きざはし》」です。その昔、大名が能楽師に、錦などのご褒美を差し上げる時に使ったそうな。たいへん身分の高い方専用なので、今は使いません。小さい子どもたちのお稽古などでは、最初に、ここで遊んではいけませんよ、ここを登ってはいけませんよ、と注意を受けています。子どもたち、神妙に聞いています。

橋掛は、舞台への登場と退場の通路というだけではありません。時空間の広がりを表す場所として、お芝居に大きな役割を担っています。まずは、空間の広がり。ここをただ歩くことで、関東地方（東国、鹿島など）や、静岡（遠《とおと》江《うみ》の国）から京都《みやこ》にやってくることになったり、九州（日向の国）から兵庫の須磨に移動したり、京都から須磨に移動したことになります。遠距離だけではありません。部屋の内と外を表すこともあり、橋掛の上、一の松や三の松の後ろで、お客人の応対をしたり、届いた手紙を読んだりもします。

地図上の場所だけではありません。「天界」から「下界」にやってくる。ということもあります。幕の後ろは天界、あるいは幽界。私たちのいるところは現世、舞台は、天界や幽界からの存在を受け入れるところとなります。能楽堂はもともと、立体的なつくりですが、ますますの立体感です。
それに、空間だけではありません。橋掛は、時間も、進んだり、戻ったりする装置なのです。

❖能演が始まる前❖

能楽堂には、「鏡の間」というところがあります。本番となると、シテ方は、この鏡の間で、気持ちを整えます。お幕の奥にある部屋で、大きな鏡が置かれています。鏡の間と言えば、絢爛豪華なヴェルサイユ宮殿が思い浮かびますか。それとも六歳のモーツァルトが御前演奏をしたシェーンブルン宮殿の鏡の間のようなすてきなサロンでしょうか。いえいえ、能楽堂の鏡の間は、むしろ、ギリシャのデルフォイの神託のような神聖な場所です。古代ギリシャのデルフォイの野外劇場の横には、神からのメッセージを受ける場所がありました。能楽堂の鏡の間も、そのような場所と考えられます。装束をつけたシテ方は面をつけ、役の人格に変身する準備をします。

本番前には、一度、「申し合わせ」と呼ばれる通し稽古があります。本番直前の最終練習なので、演劇のドレス・リハーサルや、オーケストラのゲネプロのようかというと、

これが、少し違うのです。その内容と、それまでの練習方法は、演劇やクラシック音楽と、和のお稽古では、やり方が異なっているのです。

たとえば、オーケストラなどの場合、ゲネプロやリハーサルに行き着く前に、まずは、パート練習、そしてその後、何度も全員が集まって、練習し、完成に近づけていきますよね。そして、いよいよ本番前のリハーサルとなります。和のお稽古は、直前までパート練習のみです。そして、本番の直前に、初めて全員が顔合わせをして、いろいろ確認します。これが申し合わせです。全員が揃って、練習を重ねていく、ということはありません。

シテ方はシテ方で、ワキ方はワキ方で、間狂言《あいきょうげん》を務める狂言方は狂言方で、そして、囃子方は囃子方で、それぞれに稽古を積みます。流派によって、詞章《ししょう》（セリフ）や動き、節回しがちがうところもあります。囃子方は、それぞれの流派に合わせたものを、常日頃からお稽古しているのです。申し合わせで、確認をするのです。地謡《じうたい》も同じです。場合によっては、音の高さの調子も、申し合わせで、決めていきます。西洋音楽での楽譜や音程のように、絶対というものを決めてしまう、ということがないのです。何とはなしの居心地の良さです。

❖能演が始まる時❖

そろそろ始まる時間。劇場や音楽会などでは、始まる五分前くらいにブーという音が鳴り、客席側は暗くなります。そして、時間になると、いよいよ緞帳が上がっていきます。お芝居前とお芝居中の時間が、はっきりと分けられていますね。

能楽堂では観客席は暗転しません。はい！　始まるよ！と、シャープに時空間を区切らないのです。観客席は明るいまま、鏡の間から「ひゅー、ひゃー」と笛の音色が聞こえてきます。始まりの合図の「お調べ」です。いわゆるチューニング。湿度などによって音が変わりやすい皮の楽器は、直前まで調整をしています。さあ、さあ、そろそろ。観客席の話し声も少しずつ小声になっていきます。始まりの気配が感じられるのです。

緞帳もありませんから、舞台は最初から丸見えです。そして、能舞台には、舞台背景がないのです。ミニマリズムですね。前衛的でもあります。それでも舞台に雪景色が現れたり、舞台が桜でいっぱいになったりします。実際に、作りものの花びらが舞台の天井や脇から吹き込んでくる、などという演出があるわけではありません。背景に咲き誇る桜が描かれている、というわけでもありません。能舞台には、大道具も小道具もないのです。舞台に桜が咲きこぼれんばかりになるのは、どうして？　それは、私たちの想像力なのです。もちろん、詞章が玄妙なこと、能楽師さまの謡《うたい》や舞《まい》、立ち居の動作が端麗であるからですが、その典雅な技が私たちのイマジネーションを掻き立ててくれて、舞台の桜が満開になるのです。なんとも言えない愉しい体験です。

いつの間にか、自分の居場所が現実から、お芝居の時空間に移動しています。グレイゾーンの時空間。心地の良い時空間です。ちなみに、海外の能楽公演などでは、始まりのブー音を鳴らし、しかも、客席の照明を落としてしまうこともあるようです。劇場の照明の故障かと観客が申し出ることもあるそうなので、その国のやり方に合わせてしまうのだそうな。しかし、それでは少し残念。演能の前に、舞台背景のないミニマリズムと、アンビギュイティ（曖昧さ）の美学について説明すれば、洋の東西を問わず、舞台好きには、わかってもらえるはずと信じます。舞台背景は飛行機の貨物の遅延で間に合わなかったわけじゃないですよ。皆さんのイマジネーションですよ～、などと言いながら。お芝居のソフトウェアも素晴らしいのですが、ハードウェアからも、得難い体験を是非してほしいです。

❖舞台では❖

幕の右側が少しだけ開いて、登場するのは、囃子方です。笛、小鼓《こつづみ》、大鼓《おおつづみ》、太鼓《たいこ》の順に、橋掛を通り、舞台の後ろの方に客席を向いて着座します。たとえば、額縁舞台のお芝居などでは、音楽はピットと呼ばれる、舞台下の暗いまさしくくぼみのような、観客からは見えないところで、演奏されますが、能では、舞台の上です。太鼓、小鼓、大鼓、と並んだ様子、何か見覚えがありませんか。右端にもうひとり足すと。そう、ひな飾りの五人囃子ですね。おひな様の右端は、能の詞章、「謡」を担当しています。

おひな様では、謡担当者は、たったひとりですが、能舞台では、六人から十人。「地謡《じうたい》」と呼ばれます。切戸口

ひな飾りの五人囃子（左から：太鼓、小鼓、大鼓、笛、謡）

から登場して、客席から見て舞台右側、客席には横を向いて座ります。

背景など何もないミニマリズムの舞台ですが、ごくごく簡単な装置が舞台におかれることもあります。桜の立ち木などです。「作り物」と呼ばれます。後見が舞台に運んできます。後見はそのまま、舞台左側奥に座します。

舞台がそろいました。囃子方の演奏が始まり、ここから、ゆったりした時間が流れていきます。

お幕が、はらりと開きます。これは人の手で行います。幕を揚げる裏方も、紋付袴を着装し、お幕裏で正座しています。

まずはワキ（脇）方が登場します。場所や状況が謡われます。舞台の上に背景が浮かんでくるようです。もう一度、幕がひらりと大きく開いて、主人公のシテ（仕手／為手）方の登場。どんなことが起こって、どんなことになっているのか、どんな気持ちでいるのか、など演能をひとしきり。美しい所作と舞に、舞台の時空間に引き込まれます。

物語のきっかけがわかったところで、シテは、橋掛を通り、幕がふわりと開き、演能をひとしきり。そののち

舞台から退きます。中入《なかいり》です。ここまでが「前場《まえば》」です。シテは前《まえ》シテです。ワキはそのまま、舞台に残ります。この後、「後場《のちば》」となり、シテは後《のち》シテ。実は私は、と正体を表した姿で舞台に登場します。いよいよ見せ場です。

前場と後場の間、狂言方（アイ）が登場して、これまでのあらかたの筋をまとめてくれます。間《あい》狂言です。

中入がない演目もあります。そういった演目では、シテは舞台上で「装束《しょうぞく》」を替えることがあります。能・狂言では、舞台衣装のことは装束と言います。ちなみに、能の面は「おもて」です。「めん」ではなく。

濃密でありながらも澄み切った空間に、何層にも重なったような時間がゆっくりと流れます。言葉では表せない感覚なので、ぜひ、能楽堂で、実際に肌で感じてほしいです。

❖能演が終わる時❖

拍手のタイミングは、いろいろな芸術で、往々にして難しいことがありますね。そもそも、能楽は、客席に向かって、演者がお辞儀をしないので、拍手はしない、拍手は西洋かぶれ、などという硬派な考え方もあります。しかし、拍手も、すっかり日本の習慣に根付いていますし、拍手で、素晴らしい演能へのお礼の気持ちは伝えたいですよね。素晴らしかったと、シテの舞が終わって、いち早く拍手をしたいところですが、拍手イコール、それで終わり、となってしまいがちなので。そうだとしたら、能楽堂体験としては少し残念かもしれません。シテが舞台から橋掛へと、退場していくときの所作や、雰囲気も満喫したいです。ですので、大きな拍手は、シテが橋掛に行くまで待っていても良いのです。曲によっては、シテの退場の後も地謡が続いていることもあります。神がかった演能などでは、拍手をせずにずっと余韻に浸っていたいときもあります。

橋掛を通り、シテが退場し、ワキも退場。そして、囃子方も退場します。地謡は、切戸口から、退場します。この切戸口からの退場の仕方も、格好良いのです。低いくぐり戸を、前かがみにならずに、姿勢を正したまま、通っていかれます。舞台の上に作り物が置かれていたときは、ワキの退場の後、運び出します。始まりのときもそうでしたが、いわゆる裏方が舞台を設える時間、片付ける時間も、見ている私たちと共有するのです。現実の時間と交差する時間、お芝居のたゆたう時間が、舞台の上、揺らぎながら、ゆっくりと消えていきます。

「演能の後、すぐに帰るともったいないですよ。」と教えてくださったのは、狂言方の能楽師さま。「終わった後の舞台を眺めるのは、それはまた、良いのですよ。」素晴らしい演能の後、客席のみなさまは、うれしそうに帰り支度をして、出口に向かいます。良かったわね。すばらしかったな、と口々に。舞台の上は静けさを取り戻しています。その時です。舞台の息づかいが感じられるのです。まるで、舞台が話しかけてくれるかのように。すぐに、出口に向かってしまわずに、能舞台を、もう一度、眺めてみませんか。特別な格別なひと時です。演技が終わったあとのなにもない舞台。劇場という空間が醸し出す独特のオーラを感じることができます。

正面席から見ると

脇正面席から見ると

中正面席から見ると

【チケットを取るなら】

今まで「観客席」と書いてきましたが、お能では、観客席のことを「見所《けんしょ》」（または「けんじょ」）と呼びます。まさしく「見るところ」。もともと野外で行われていましたし、それぞれ好きな場所に、きっと茣蓙《ござ》などを敷いて、自由に座っていたのでしょう。ですから、たしかに「席」ではないのですよね。そして、なにしろ、わたしたち、客ではないんですよね。山などから降りていらした、お客様の神さまのお相伴です。

さて、お席。三種類あります。

正面《しょうめん》
脇正面《わきしょうめん》
中正面《なかしょうめん》

右から、お値段の高い順です。

正面は、なんといっても舞台に向かって真正面のお席。この正面の席の前の方がベストのように思いますが、むしろ後ろに座る方も。全体がわかるからです。場の雰囲気もさらによく伝わってきます。

脇正面は、舞台に向かって左側、橋掛のそばの席です。席は正面から見ると横向きに並んでいて、舞台を横から見る事になります。これはこれで、たいへんおもしろいです。外国の方などは、「日本ならでは」と、この席を選ばれたりしています。この席の右側は、正面に近いですし、左端は橋掛の真横で、演者さんの登場を一番間近で感じられます。

中正面は、正面と脇正面の席の間にあり、舞台に向かって斜めになっています。柱があるものの、舞台の全体が見渡せる角度。柱が透明のアクリルでできていたら、相撲のように、いっそのこと柱がなかったら、それは最高のお席ですよね。でも、そういうわけにはいかないのです。前にも書いたように、目付《めつけ》柱と呼ばれるこの柱、能面をかけて、視界が狭くなっているシテ方の目印になっているのです。囃子方が「演奏」を始め、ワキ方やシテ方の舞台での、「演技」や舞が始まると、柱があっても、気にならなくなりま

［宝生能楽堂座席表］

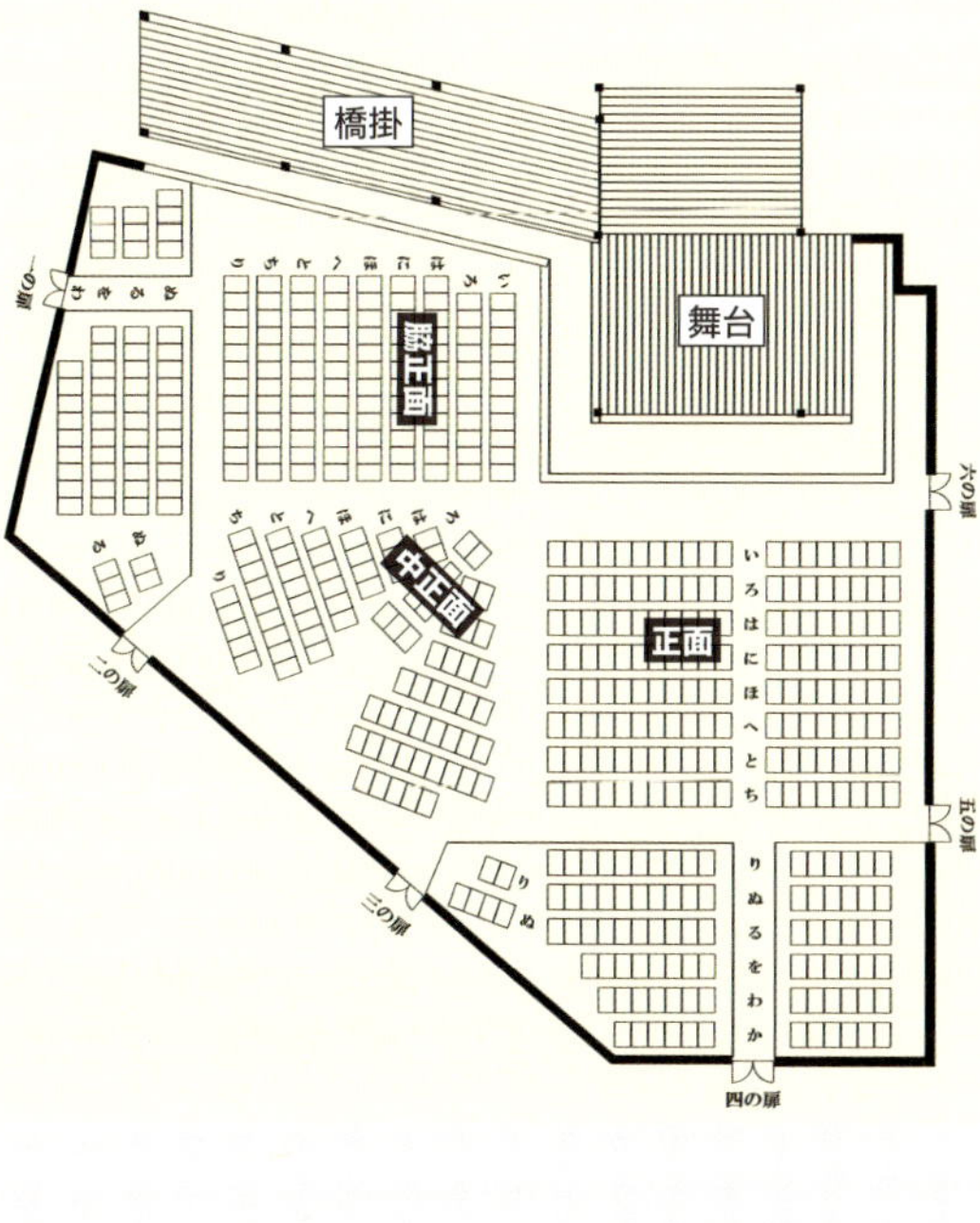

す。美しさを伝えるのは、目に見えているものだけではないのですね。それに何といってもお手頃な値段が魅力です。
　こんなふうに、それぞれのお席に、それぞれの良さがあります。

　この三つに分けられているお席ですが、能楽堂によって、それぞれの席での見え方も違うので、最近では、この区分ではなく、S席、A席、B席のシステムにしている公演もあります。自由席の公演もありますから、早めに行って、座り比べてみるのも良いかもしれません。演能が終わった後に、座っていた場所とはちがう席に、ちょっとだけ座ってみるのも、なかなか乙な余韻が伝わってきます。

　お芝居やミュージカルは、複数日での公演が多いですね。千秋楽がやはり良いのでしょうけれど、初日も良いし、中日もその良さがあるし。マチネ（昼公演）にソワレ（夜公演）など、一日に何回かあるときも。公演中、行けるところで行こう、と自分の予定に合うようにチケットを取ることもできます。能楽は、その日一日一回きりの公演です。一期一会です。お能の公演に、自分の予定を合わせることもあるわけです。

［お稽古を始めるなら］

　年齢性別国籍問わず、どなたでも、いつからでも、始めることができます。茶道のように、その昔は武士の嗜みと考えられていましたけれども。実際に舞台に立っていらっしゃるプロの能楽師（職分）の方に習うことも可能です。これは、すばらしいことですよね。クラシック音楽などでは、なかなか、そういうわけにはいかないでしょう。教わる方も、たいてい専門の学校に通い、先生によっては、レッスン受講のためのオーディションがあったり。能楽では、そんなことはありません。門戸は広く、どなたにも開いています。舞台を拝見して、この能楽師さまに、となったら、SNSなどでお稽古情報を探してみては。もちろん、全ての能楽師さまが、お稽古をなさっているわけではありませんが。プロの舞台には立たないまでも、研鑽を積んでいらっしゃる街の先生に習うこともできます。頑張ってお稽古を続ければ、能楽堂での発表会も夢ではありません。

　能楽堂を始め、カルチャーセンターや、地域の公民館、大学の市民講座など、いろいろなところで体験講座が開講されています。お子様向けのものもあります。まずは、そのような講座に参加してみるのも良いかもしれません。

❖謡と仕舞

能の詞章、声楽部分のことを「謡曲」あるいは「謡《うたい》」と呼びます。舞の部分は「仕舞《しまい》」です（シテ方の流儀には、観世《かんぜ》・金春《こんぱる》・宝生《ほうしょう》・金剛《こんごう》・喜多《きた》の五流があります）。

謡

最初は、長寿を祝うおめでたい曲『鶴亀《つるかめ》』を、先生の「リピート・アフター・ミー」方式で習います。よく知られたお話『羽衣《はごろも》』も最初のお稽古です。いずれは、結婚式などで『高砂《たかさご》』が披露できるようになりますよ。お花見の席でも。たとえば、『桜川《さくらがわ》』の「〽筑波山。このもかのもの花盛り」をひと節、だとか。『嵐山』の「〽光も輝く千本《ちもと》の桜」だとか。『鞍馬天狗』の「〽いざいざ花を眺めん」などなどをひとくさり、なんていうことも。

謡本《うたいぼん》を使ってお稽古します。縦書きの詞章の右横に、漢文で習ったような印や音の上下を表す添え書きがついています。ナレーション部分と重要なセリフの部分では声の出し方が違うし、とてもメロディアスな節もあります。「音楽」を幼稚園、小学校から習ってしまったわたしたちは、ついつい、ドレミに直したくなってしまうのですが。もちろん、不可能ではないのですが、音符の通り、音程を外さず、ですと、きれいなのですが、謡の、身体にずんと染み入るような音が、出せません。不思議。合唱の場合、みんなで音程をしっかり合わせますよね。独唱では、伴奏としっかり合せます。謡には、そのような絶対音がありません。それぞれのキーです。なんとも心地のよい厚みと深みが生まれます。

狂言では「小謡《こうたい》」と呼ばれます。

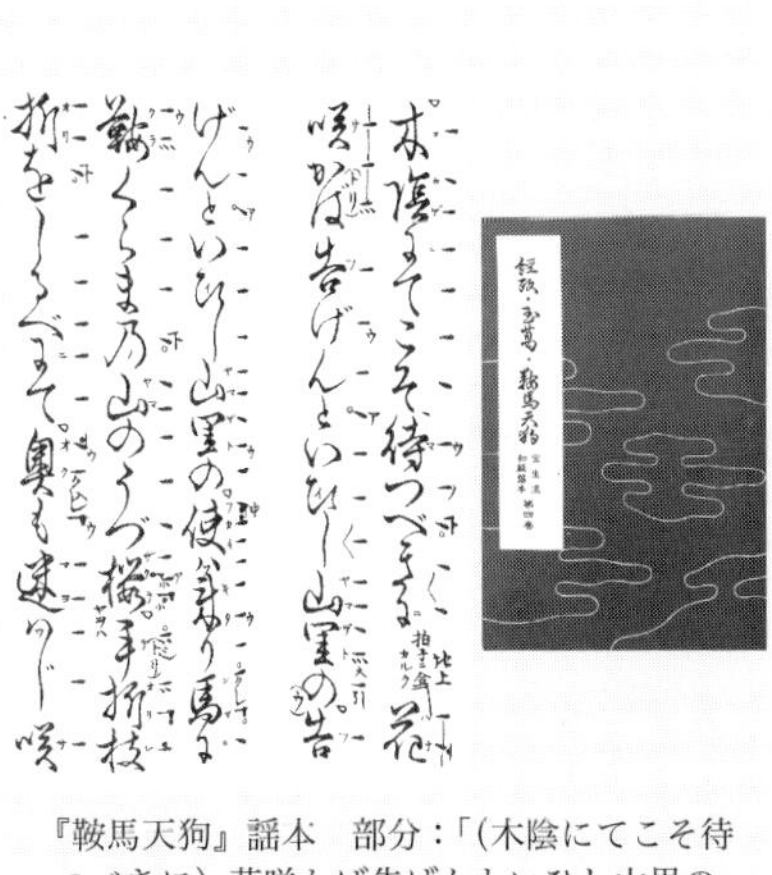

『鞍馬天狗』謡本　部分：「（木陰にてこそ待つべきに）花咲かば告げんといひし山里の。告げんといひし山里の。使ハ来り馬に鞍くらま乃山のうづ桜。（手折枝……）」（『宝生流初級謡本 第四巻』宝生九郎、わんや書店）

謡十徳

中世の頃から「謡曲十五徳」とか「謡十徳《うたいじっとく》」などと言われています。お謡いを稽古していると、いいこと、得することがこんなにあるよ、というもの。「行かずして名所を知り」。実際に行かなくても、名所と言われている場所のことがわかるようになる、とか。「触れずして仏道を知り」、これはお得。「習わずして歌道を知り」、これもお得。また、「馴れずして武芸に近づき」「薬なくして欝気を散ず」。これは今風に言うと、ジムに行かなくてもフィットネス、気分も上々、医者いらず、とでもいったところでしょうか。これはどうですか。「厳ならずして形美嗜む」。苦労なくして、美しい所作が身につき、綺麗なご挨拶ができるようになる、でしょうか。あらゆる場面で役立つ嗜み。これが身につくとは、おトクすぎる！

仕舞

能の演目の見どころ、聞きどころや、最後の部分などの動きを教わります（能の演目は「番」あるいは、「曲」と呼びます）。なんとも優雅です。ゆっくりした動きも多いですが、気が身体中に充足します。基本的な所作、立ち方、座り方、動き方、扇の持ち方、扱い方に始まり、『熊野《ゆや》』などの曲から、お稽古します。平宗盛と花見に出かけた恋人、熊野の舞です。謡に合わせて、舞います。

仕舞とダンスが違うところは、まず、仕舞では、立っている間、頭の位置が常に一定です。ぴょこたん、ストンと跳ねる動きが一切ありません。それから、能舞台は、額縁のように平面に収まっていないので、動きの美しさを多角的に追求します。動きも円で動くことが多いです。

狂言にもいくつかあり、仕舞ではなく、「小舞《こまい》」と呼ばれます。

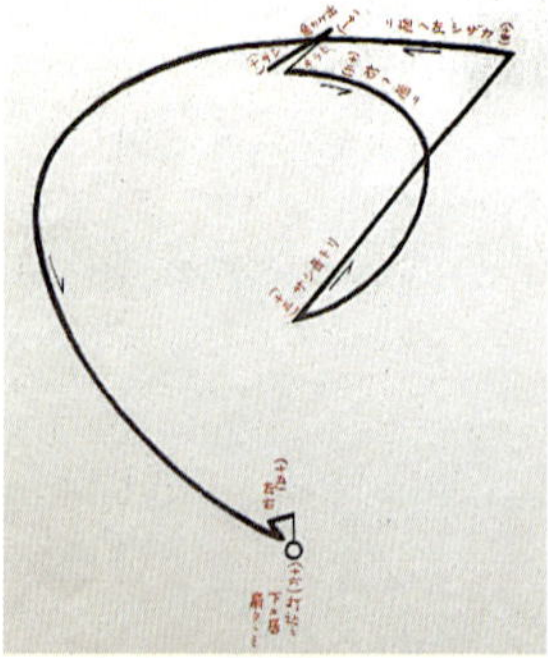

『熊野』:「稲荷の山の」から「春も千々の花ざかり」までの動きの図解（『寶生流圖解仕舞集第一巻』寶生九郎、わんや書店）

❖笛

能管《のうかん》は、竹でできた四〇センチほどの横笛で、指孔が七つあります。農家の屋根で百年燻された煤竹が良いそうです。竹を縦に八つに割り、竹の外側を内側にして、それを樺桜の樹皮を剥いだもので巻いたものが、良いと考えられています。桜の代わりに籐が使われることもあります。樺桜は、『桜川』に登場します。

能管は、異次元異世界へと誘う音を出します。高音は「ひしぎ」と呼ばれ、神楽ではこの高音は、神迎えの音とされています。お稽古では、まず唱歌《しょうが》を習います。唱歌というのは、笛の音をカタカナで表して、歌うように口に出してみることです。「オヒヤラアリ」「ロロラアー」のように。

能管は、謡の音程と合わせることがないですし、ほかに、音の高さを合わせる楽器もないので、能管一本一本がそれぞれの音を出すそうです。他の笛にはない、能管独特の工夫もあります。「のど」と呼ばれる短い竹の管が中に入っていているのです。どうしてなのか、ナゾです。

能管　銘千鳥（江戸時代　東京国立博物館）

夕顔蒔絵大鼓胴
（江戸時代　東京国立博物館）

小鼓、大鼓、太鼓

小鼓《こつづみ》、大鼓《おおつづみ》、太鼓《たいこ》は、「ヤ」「ハ」「ヨーイ」「イヨー」という掛け声もかけます。楽器と呼ばず、お道具と呼ばれています。

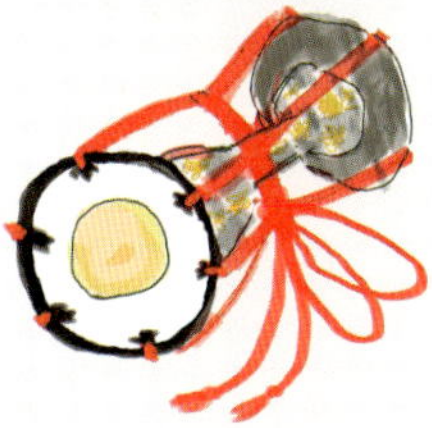

桜蒔絵太鼓胴（京都国立博物館）

夕顔蒔絵小鼓胴（京都国立博物館）

小鼓と大鼓

小鼓と大鼓は、対で演奏されます。どちらも、調緒《しらべお》と呼ばれる麻紐で、革の部分を、胴にしっかりと組みます。革は、馬の皮でできています。胴は、砂時計のような形で真ん中がくびれた形です。さて、この胴は、何でできていると思いますか。桜の木なんですよ。乾燥させた山桜をくり抜き、金蒔絵《きんまきえ》が施されます。

小鼓は、左手で調緒を持ち、右肩に乗せて、右手で打ちます。その構えが素敵ですね。調緒を握って、音程を変えます。右手を膝までさげて、打ち上げます。ポンという丸みのある柔らかい音が出ます。余計な力が抜けてきて、良い音が出るようになったら『羽衣』などの曲をお稽古します。小鼓の革は乾くと固くなり、柔らかい音が出なくなってしまうので、湿らせた和紙の調紙《しらべがみ》を貼ったり、つねに息をかけたりして、湿り気を保つようにします。

大鼓は、小鼓より、ひとまわり大きいです。「おおかわ」とも呼ばれます。左手で調緒を握って右膝に乗せて、指皮をはめた右手で打ちます。打つ前に、右手を横に真っ直ぐ伸ばすところなど、なんともかっこ良いです。カーンという鋭く澄んだ音が出ます。この透明感のある音を出すために、大鼓は革をキンキンカラカラに乾かさなければなりません。演奏前に革を炭火にあて、二時間近く焙じます。そして、調緒をきつく締め上げて組み立てます。能楽堂には、大鼓のために、楽屋の奥に炭火の「焙じ台」の置かれた「焙じ室」があります。

金蒔絵が施された鼓の胴には、文様に桜が描かれたものも多いです。人間国宝の大倉流小鼓方十六世御宗家大倉源次郎氏によると、桜には「人を集める」不思議な力があると考えられているからだそうです。

太鼓

太鼓は、欅《けやき》をくり抜いた胴に、調緒で、牛皮の太鼓革を固く張って組み立てます。毎回分解して片付け、使うたびに組み立てます。太鼓台に載せ、檜《ひのき》でできた二本の撥《ばち》を使います。撥で叩く真ん中の部分には小さく鹿皮が貼られています。撥の使い方で、音を打ち分けることができます。伸びやかで華やか、あるいは打って変わって静寂な雰囲気を出すことができます。神、鬼、霊など超人的なものがいよいよ正体を表すような場面でも、多く演奏されます。太鼓の胴にも蒔絵が施されており、桜が描かれたものもあります。
（『横道萬里雄の能楽講義ノート〈囃子編〉』二〇一四ほか）

❖狂言

狂言も、お稽古ができます。歩き方、座り方などの所作、小謡や小舞を教わります。そして、国語の教科書で出てきた太郎冠者や山伏のお話などを、大きな声でのセリフの発声で、実際に演じてみることができます。人間の愚かしさを描いていますが、実は、とてつもない人間愛に溢れているので、お稽古の後は、気分が良いです。

狂言方には、和泉《いずみ》流と大蔵《おおくら》流の二つがあります。テレビでお馴染みの野村萬斎さんは和泉流です。大蔵流には、大蔵宗家、それから武家式楽としての品格の高い山本家、親しまれやすいお豆腐狂言の京都の茂山《しげやま》家があります。

＊＊＊

発表会となりましたら、着物を着る絶好のチャンスです。日本の伝統文化を、まさしく肌で感じることができます。

お稽古を始めてみるもよし、能楽堂に足を運んでみるのも、またよし。さあ、桜に誘われて、出かけてみませんか。

❖❖能楽堂内の写真と座席表は、「公益社団法人宝生会」提供。

❖❖国立博物館所蔵品の写真は、ColBase（https://colbase.nich.go.jp/）より。

「能舞台の図」 月岡耕漁『能楽図絵』より（シカゴ美術館）

おわりに

能楽は、能も狂言も、いのちに優しく、果てしなく深く、美しく。そして、いつも自然と寄り添っています。能に表されている桜の美しさと、桜と生きてきた人間のひたむきな姿を、少しでもお伝えして、分かち合えることができましたでしょうか。

私の祖父は、若い頃、その頃活躍していた画家たちとベルリンで暮らしていました。日本に戻ってからも、子どもたちに、パパ、ママと呼ばせ、当時のことですから、母や伯母叔父は非国民の謗りを受けたと、話してくれていました。そんなわけで、父も私も、欧文化ありきで、デカンショデカンショと半年は暮らしていました。デカルト、カント、ショーペンハウワー（今ではデカンショでなく「どっこいしょ」ですが）。私自身は米国の大学院に進学しました。帰国して、能楽堂に足を運んだり、お謡のお稽古に通ったり、愚息の狂言のお稽古について行ったり。でもそれは、日本にいる間に日本のことを詰め込んでおこう、というさもしい根性から。たとえば、せっかく東京に出てきたのだから、渋谷だけじゃなくて銀座も行っておこう、みたいな。始めはそんなだったのですが、そんな鄙俗な野人にさえ、能楽は、愉しさ、奥深さを魅せてくれました。

能楽堂に行き始めたばかりの頃。演目が終わり、おシテさんが橋掛を通り、お幕が開いて退場しました。終わり、と思いきや、地謡の方たちはそのまま。もしかして、アンコールかしらんと思うさもしい野人。地謡は、

光も輝く千本の桜。光も輝く千本の桜の
栄ゆく春こそ久しけれ。

と短く謡ってくれました。舞台からの声で、能楽堂全体が光に満ちるようでした。「附祝言《つけしゅうげん》」です。アンコールではなく。これは『嵐山』からの一節。『嵐山』のようにおめでたく終わる演目ばかりではないですから、そうでない演目のときに、おめでたい演目からの一節を最後に謡ってくれるのだ、と教わりました。観客の私たちの末長い幸せを祈らずして、お能は終わらないのです。ありがたくって、思わず、手をあわせてしまったこと、覚えています。

「附祝言」には、本書でもとりあげた『志賀』や、結婚式でも謡われる『高砂』の一節が謡われることが多いです。もちろん毎回「附祝言」がつくというわけではなくて。演目の余韻のまま、終わらせたい公演もありますよね。そのような芸術志向の場合には「附祝言」をつけないこともあるそうです。そうはいっても、「おもてなし」の芸能に、すっかり魅入られてしまいました。

能楽堂の舞台に咲きこぼれる桜の美しさを、精緻に余すところなく描く器量には、ほど遠い浅学無調法であることを自覚しつつも、とにかくその愉しさをお伝えしたかったです。あくまで桜目線なので、それぞれの演目の全体像をお伝えしきれない部分が多々あるかと思います。たとえば、トラネコのかわいい猫ちゃん、と表現すると、その猫のきれいなヘーゼルナッツの瞳がわからないまま、というような。それぞれの演目は、もっともっと興味ふかく奥深く美しいです。ご指導ご鞭撻ありがたく頂戴いたしたく。ご同感や励ましのお言葉はもっとうれしいです。

最後になりましたが、この本ができあがりましたこと、謝辞を申し上げたいです。監修をしてくださった宝生流能楽師御宗家の宝生和英氏。「桜の能／能の桜」というくくり方に、眉根を寄せられることもなく、また、ご自身のご演能、国内外の公演のプロデュースに、お弟子さまのお稽古に、とお忙しくご活躍の中、快くご指導を引き受けてくださいました。心から感謝申し上げます。

公益社団法人宝生会様には、宝生能楽堂の写真をお手配いただきました。いろいろな角度からの、ややこしい注文にお手間とお時間をかけてくださいました。ありがとうございます。

能楽の奥妙さ、桜の美しさ、そして世界のあちこちに驚嘆が満ちていることを教えてくださった諸先生方、知人のみなさま、おかげで美しい書籍になりました。切にお礼申し上げます。協力してくれた家族にも感謝です。

前々書、前書につづき、編集を担当してくださった八坂書房の三宅郁子氏へ寸草春暉。荒くれた線《いと》を厭わず手中に収め密密と遊子の衣に仕立てあげてくださいました。拝謝申し上げます。

最後まで読んでくださったみなさま、ありがとうございます。光輝く桜のように麗しくも静謐な日々が、みなさまに、永劫つづきますように。

著　者

監修者

宝生和英（ほうしょう かずふさ）

日本能楽会員（重要無形文化財保持者総合認定）。

1986 年 東京生まれ。父、第 19 世宗家 宝生英照に師事。

宝生流能楽師佐野萌、今井泰男、三川泉の薫陶を受ける。

能『西王母』子方にて初舞台。2008 年に宝生流第 20 代宗家を継承。

一子相伝曲『双調之舞』『延年之舞』『懺法』を披く。

公演活動のみならずマネジメントも行う。

NHK 大河ドラマ『篤姫』『天地人』に出演。

2019 年 第 40 回松尾芸能賞新人賞受賞。2023 年ミラノ大学客員教授。

2024 年 Disney+ 配信のドラマ『SHOGUN 将軍』では劇中能の監修・制作を行う。

現在『週刊少年サンデー』連載中の『シテの花』監修。

海外ではイタリア、香港、UAE を中心として活動。

著者

ジポーリン福島菜穂子（ジポーリンふくしま なほこ）

文学博士（米国ミシガン大学比較文学）。

大阪府高槻市生まれ。

1994 年 CEW（Center for the Education of Women）女性教育スカラー受賞。

2011 年『小網代の森の住人たち』（八坂書房）。

2014 年『愉しい干潟学』（小倉雅實氏と共著、八坂書房）。

2013 年 国際アジア学会（ICAS）ベスト・アコレイド賞受賞。

2012 ～ 24 年 東京農業大学国際学部及グリーンアカデミー等で、
桜や日本文化の講座を日本語及英語で担当。

文学や芸術から自然環境との寄り添い方を考えたいホモルーデンス。

家の近くから海の見える横浜市の丘に、老猫と家族と在住。

オフは能楽鑑賞のほかは、低山歩きとハープシコード演奏に読書。

能の桜 ～花がいざなう能楽鑑賞～

2025 年 2 月 25 日　初版第 1 刷発行

監修者　宝生和英
著　者　ジポーリン福島菜穂子
発行者　八坂立人
印刷・製本　シナノ書籍印刷（株）

発行所　（株）八坂書房
〒101-0064 東京都千代田区神田猿楽町 1-4-11
TEL.03-3293-7975 FAX.03-3293-7977
URL: http://www.yasakashobo.co.jp

ISBN 978-4-89694-375-7